안양대HK+
동서교류문헌언어총서
101

기초 조지아어 문법

안양대학교 신학연구소
안양대HK+ 동서교류문헌언어총서 **101**

기초 조지아어 문법

초판인쇄 2024년 11월 28일
초판발행 2024년 11월 30일

지은이 김희연 · 피르츠칼라바 루수단(Pirtskhalava Rusudan) 지음

펴낸곳 동문연
등 록 제2107-000039호
전 화 02-705-1602
팩 스 02-705-1603
이메일 gimook@gmail.com
주 소 서울시 용산구 청파로 40, 1602호 (한강로3가, 삼구빌딩)
제 작 디자인창공(T. 02-2272-5004)

값 20,000원 (＊파본은 바꾸어 드립니다.)

ISBN 979-11-990374-0-3 (94700)
ISBN 979-11-974166-2-0 (세트)

• 이 저서는 2019년 대한민국 교육부와 한국연구재단의 HK+사업의 지원을 받아
수행된 연구임(NRF-2019S1A6A3A03058791).

안양대HK+
동서교류문헌언어총서
101

기초
조지아어
문법

ქართული ენის გრამატიკის საფუძვლები

김희연 · 피르츠칼라바 루수단 지음

동 문 연

발간에
즈음하여

　　안양대학교 신학대학 부설 신학연구소 소속의 인문한국플러스(HK+) 사업단은 소외·보호 분야의 동서교류문헌 연구를 2019년 5월 1일부터 수행하고 있다. 다시 말하여 그동안 소외되었던 연구 분야인 동서교류문헌을 집중적으로 연구하면서, 동시에 연구자들의 개별 전공 영역을 뛰어넘어 문학·역사·철학·종교를 아우르는 공동연구를 진행하고 있다. 서양 고대의 그리스어, 라틴어 문헌이 중세 시대에 시리아어, 중세 페르시아어, 아랍어로 어떻게 번역되었고, 이 번역이 한자문화권으로 어떻게 수용되었는지를 추적 조사하고 있다. 또한 체계적으로 연구하기 위해서 동서교류문헌을 고대의 실크로드 시대(Sino Helenica), 중세의 몽골제국 시대(Pax Mogolica), 근대의 동아시아와 유럽(Sina Corea Europa)에서 활동한 예수회 전교 시대(Sinacopa Jesuitica)로 나누어서, 각각의 원천문헌으로 실크로드 여행기, 몽골제국 역사서, 명청시대 예수회 신부들의 저작과 번역들을 연구하고 있다. 이제 고전문헌학의 엄밀한 방법론에 기초하여 비판 정본을 확립하고 이를 바탕으로 번역·주해하는 등등의 연구 성과물을 순차적으로 그리고 지속적으로 총서로 출간하고자 한다.

　　본 사업단의 연구 성과물인 총서는 크게 세 가지 범위로 나누어 출간될 것이다. 첫째는 "동서교류문헌총서"이다. 동서교류문헌총서는 동서교류에 관련된 원전을 선정한 후 연구자들의 공동강독회와 콜로키움 등의 발표를 거친 다음 번역하고 주해한다. 그 과정에서 선정된 원전 및 사본들의 차이점을 비교 혹은 교감하고 지금까지의 연구에 있어서 잘못 이해된 것을 바로잡으면서 번역작업을 진행하여 비판 정본과 번역본을 확립한다. 그런 다음 최종적으로 그 연구 성과물을 원문 대역 역주본으로 출간하는 것이다. 둘째는 "동서교류문헌언어총서"이다. 안양대 인문한국플러스 사업단은 1년에 두 차례 여름과 겨울 동안 소수언어학당을 집중적으로 운영하고 있다. 이 소수언어학당에서는 고대 서양 언어로 헬라어와 라틴어, 중동아시아 언어로 시리아어와 페르시아어, 중앙아시아 및 동아시아 언어로 차가타이어와 만주어와 몽골어를 강의하고 있는데, 이러한 소수언어 가운데 우리나라에 문법이나 강독본이 제대로 소개되어 있지 않은 언어들의 경우에는 강의하고 강독한 내용을 중점 정리하여 동서교류문헌언어총서로 출간할 것이다. 셋째는 "동서교류문헌연구총서"이다. 동서교류문헌연구총서는 동서교류문헌을 번역 및 주해하여 원문 역주본으로 출간하고, 우리나라에 잘 소개되지 않는 소수언어의 문법 체계나 배경 문화를 소개하는 과정에서 깊이 연구된 개별 저술들이나 논문들을 엮어 출간하려는 것이다. 이 본연의 연구 성과물을 통해서 동서교류문헌 교류의 과거·현재·미래를 가늠해 볼 수 있고 궁극적으로 '그들'과 '우리'를 상호 교차적으로 비교해 볼 수 있을 것이다.

안양대학교 신학연구소 인문한국플러스 사업단

곽 문 석

차례

책머리에

조지아어(ქართული ენა)는 카르트벨리아어족의 언어이자 조지아 국가의 공식 언어이다. 조지아는 유럽과 아시아의 경계에 위치하며 러시아 연방, 터키, 아르메니아, 아제르바이잔, 흑해와 국경을 접하고 있는 나라이다. 조지아어 문자는 특유 문자를 갖는 언어 중 가장 오래된 언어로 알려져 있다. 조지아 문자의 발생을 정확히 가늠할 수 없으나 역사적 기록으로 볼 때 기원전 3세기 이베리아 왕국의 국왕 파르나바즈 1세에 의해 만들어진 것으로 학자들은 밝힌다.

콜키와 이베리아의 왕국이 번영하면서 조지아의 역사가 시작되었고, 가장 오래된 고대의 언어 중 하나로 간주 된다. 조지아어는 우리에게 잘 알려진 영어, 러시아어, 프랑스어 같은 인도·유럽어와는 다른 고유의 독자적 문자를 사용한다. 고대의 조지아어 문자는 현대 조지아어를 구사하는 사람들도 알아볼 수 있을 만큼 고유성이 유지되고 있는 부분도 존재한다. 2016년 조지아어의 문자가 유네스코의 무형 문화유산으로 등재되기도 했다.

조지아어를 학습해야 하는 이유로 언어가 가지는 독특성을 넘어서 지리, 정치, 역사 등의 배경을 들 수 있다. 조지아의 역사는 기원전 1000년경 조지아의 문명이 형성되고, 콜키스와 이베리아 왕국이 번영하면서 시작되었다. 고대 그리스·로마 시대부터 유럽과의 정치적, 경제적 군사적 교류를 유지해 왔고 서방 문화와의 긴밀성을 유지해 왔으며, 그뿐만 아니라 동방의 강국이었던 고대 페르시아와 투르크민족과의 관계를 지속하였다. 18세기

중반부터는 북방의 강대국인 러시아와의 관계가 핵심 요소로 작용하게 된다.

조지아의 지정학적 위치로 오랜 시간 쌓인 역사를 통해 조지아어는 고대 그리스어, 히브리어, 아랍어 등 주변 국가의 언어에서 나타나는 문법성들이 나타나기도 하며, 조지아어 고유의 특징을 상실하지 않고 유지하기도 한다. 조지아에는 매우 중요한 역사적 자료와 문헌 등을 가지고 있음에도 불구하고 언어의 희소적인 특성상 조지아어와 더불어 문헌 연구는 세계 학계에서 활발히 연구되지 않고 있다.

조지아어 문법도 러시아어나 영어로 된 자료들을 드물게 찾을 수 있으나, 한국어로 된 문법서의 출간은 이 책이 최초의 시도가 된다. 이러한 시도는 코카서스 언어에 관한 연구의 확장을 도모하는 것은 물론이거니와, 국내에 있는 조지아 연구자들, 실크로드와 터키 및 코카서스 지역, 그리고 그리스 정교, 기독교의 역사 등을 연구하는 연구자들에게 조지아어에 대한 접근을 열어주고, 조지아에 현존하는 역사적, 철학적, 종교적 문헌들을 발굴하여 연구하고자 하는 후학들에게도 도움이 될 것이다.

이 문법서는 총 20강의 주제로 구성되었고, 가장 기본적인 문법의 내용을 다루면서도 문법 사항을 가능한 상세히 설명하고자 하였다. 각 과에는 문법 내용에 해당하는 연습문제, 텍스트, 단어도 마련되어 있다. 이러한 새로운 학문적 시도를 할 수 있었던 것은 현재 한국에 체류하며 연세대학교 동북아시아 과정에서 박사학위과정 중인 피르츠칼라바 루수단(Pirtskhalava Rusudan) 덕분이라 할 수 있다.

피르츠칼라바 루수단은 조지아인으로 조지아의 수도 트빌리시의 한 대학(Tbilisi Institute of Asia and Africa)에서 한국어를 전공한 뒤 한국으로 건너와 한국 사회, 문화 전공의 한국학으로 한국외대에서 석사학위를 받았다. 현재 피르츠칼라바 루수단은 박사학위 논문에 매진하면서, 동북아 정치 뿐만 아니라 한국과 조지아와의 교류, 언어에도 깊은 관심을 가지고 있어 다양한 분야에서 활동하고 있다. 루수단과 오랜 시간 조지아어 스터디를 진행하며 이 책을 준비하게 되었다. 이러한 작업을 통해 언어 습득은 물론이거니와 동양과 서양의 긴밀성이 높은 조지아와 관련 문헌 연구의 지평이 확장될 것을 기대한다.

　이 조지아어 기초 문법서는 학계에 있는 언어 연구자들뿐만 아니라 기타 외국어를 관심이 있는 일반인도 접할 수 있도록 심도 있는 고민을 하였고, 어려운 언어의 특성을 최대한 설명하며 각 장을 구성하려고 노력하였다. 비록 기초에 해당하는 수준의 문법서 이지만, 이 언어에 대해서는 전혀 가볍지 않은 마음이었고, 조지아어의 특성을 가장 잘 살리는 문법서의 내용을 담고 싶었다. 새로운 언어의 문법에 대해 함께 고민해 주시고 깊은 조언을 해주신 안양대학교 국어국문학과 박철우 교수님께 특별한 감사를 표한다. 언어학 전공자로서 희소 언어에 대한 필자의 깊은 고민은 조지아의 현대 정치인이자 언론인이며, 조지아의 민족주의 부활 운동을 주도한 국민 작가인 일리아 찹차바제(Ilia Chavchavadze, 1837-1907)의 명언을 통하여 힘을 얻게 되었다.

　　"조상으로부터 우리에게 신성한 보물 세 개가 남겨져 있는데,
　　그것은 바로 조국, 언어, 종교이다."

　한 나라의 민족성을 나타내는 언어에 대해 한발짝을 내딛는 큰 도전은 비록 완성적이지는 않더라도 큰 보물을 발견해 내는 과정이 될 것이다.

저자를 대표하여
김희연

조지아어 소개 및 역사

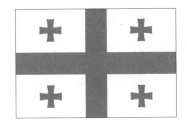 조지아는 유럽과 아시아의 경계를 이루는 캅카스 지역에 위치한 국가로 정식 국명은 조지아 공화국(Republic of Georgia)이다. 조지아인, 라즈인, 메그렐인, 스반인, 아자르인 등의 민족이 살고 있다. 고대사에서부터 역사에 거론되던 조지아는 러시아, 터키, 아르메니아 등과 국경을 맞닿고 있으며 동서남북의 교통, 무역상의 요충지에 위치 하기 때문에 로마, 몽골, 비잔틴, 페르시아 오스만 제국 러시아 등의 여러 주변 세력들과 다툼과 침략, 점령이 끊이지 않은 역사가 있다. 1918년 제정 러시아로부터 독립하였고, 1921년 볼셰비키 붉은 군대의 침공으로 구소련 연방의 일원이 되었고, 1991년 구소련의 몰락과 함께 독립하여 오늘날에 이르게 된다.

주변 세력과 많은 다툼과 침략이 있었음에도 민족적, 언어적, 종교적 신념을 잃지 않았으며, 조지아어의 특별성을 유지하고 있다. 조지아어는 현재 조지아 공화국 내에서 사용되는 제1공용어이며, 인구의 83% 이상이 조지아어를 사용한다. 사용하는 인구는 430만명 정도로 추산한다. 조지아어는 카르트벨리어족에 속하는 남캅카스어다. 현대 조지아어는 동부 방언과 서부 방언으로 나뉘고, Kartlian, Kakhetian, Pshavian, Mtiuletian-Gudamaqrian, Mokhevian, Khevsurian 등의 다양한 여러 방언이 포함어 있다.

조지아어는 밍그렐리아어(Mingrelian)와 스반어(Svan)와 라즈어(Laz (Chan)와도 관련이 깊다. 형태론적인 특징은 인도·유럽어의 굴절어 특징과 터키어와 같은 교착어의 특징을 모두 갖는다. 조지아어의 문자는 거의 2천 년 가까이 사용되는 오래된 문자이며, 2016년 유네스코 무형 문화 유산 목록에 조지아어 철자가 등재될 만큼 특별성을 갖고 있다. 조지아어 철자를 일컫는 명칭은 카르툴리 담체르로바(ქართული დამწერლობა)로 '카르툴리'는 '조지아의'라는 뜻이며, '담체르로바'는 '문자'라는 뜻을 나타낸다. 이를 알파벳의 첫 번째와 두 번째 철자의 명칭을 따온 '안바니(ანბანი)'라고도 부른다. 조지아어의 문자는 그 모양이 독특하고 정확한 기원이 확립되지 않았으나, 그리스어, 아람어, 콥트 문자에 기초를 두고 있다. 필서법으로는 세 가지 종류가 있다.

아솜타브룰리(ასომთავრული)
누스후리(ნუსხური)
므헤드룰리(მხედრული)

아솜타브룰리는 A.D. 5~9경 조지아어를 표기하는데 쓴 문자였으며, 기원전 3세기부터 존재하였고, 기록으로 남아 있는 것은 A.D. 430년 베들레험 조지아 교회의 남아 있는 기록과 트빌리시 볼니시 시오니 교회에 비문이 보존되어 있다. 누스후리(ნუსხური)는 9세기에 처음 등장하는데 교회 문자였으며 아솜타브룰리와 종교적 스크립트나 종교 관계 문헌 및 장식등에 글을 작성하는데 사용되었다. 당시 아솜타브룰리는 대문자로, 누스후리는 소문자로 사용되었다. 누스후리체는 11세기까지 사용되었으며, 이후 므헤드룰리(მხედრული)가 13세기에 등장하였다. 므헤드룰리가 등장하였을 때 처음에는 '세속적인 문자', '군인들이 사용하는 문자' 등으로 불리고, 종교 이외의 용도에서도 더러 사용되었다. 이후 므헤드룰리체가 표준 서체로 정립하게 된다. 조지아어 철자에는 히브리어와 마찬가지로 알파벳이 대응되는 숫자 값이 있으며, 글자를 부르는 명칭과 음가가 존재한다. 현대 조지아어에서는 고대 문자 ჱ, ჲ, ჳ, ჴ, ჵ를 제외한 33개의 므헤드룰리 철자만 사용한다. 대, 소문자의 구문은 없으나, 철자의 높낮이를 정확히한다.

아솜타 브룰리	누스 후리	므헤드 룰리	므타브 룰리	글자 명칭	발음	알파벳 대응 숫자값
Ⴀ	ⴀ	ა	Ა	ani	/ɑ/	1
Ⴁ	ⴁ	ბ	Ბ	bani	/b/	2
Ⴂ	ⴂ	გ	Გ	gani	/g/	3

Ⴃ	ⴃ	დ	დ	doni	/d/	4
Ⴄ	ⴄ	ე	ე	eni	/ɛ/	5
Ⴅ	ⴅ	ვ	ვ	vini	/v/	6
Ⴆ	ⴆ	ზ	ზ	zeni	/z/	7
Ⴡ	ⴡ	ჱ	ჱ	he	/eɪ/	8
Ⴇ	ⴇ	თ	თ	tani	/t$^{(h)}$/	9
Ⴈ	ⴈ	ი	ი	ini	/i/	10
Ⴉ	ⴉ	კ	კ	k’ani	/k’/	20
Ⴊ	ⴊ	ლ	ლ	lasi	/l/	30
Ⴋ	ⴋ	მ	მ	mani	/m/	40
Ⴌ	ⴌ	ნ	ნ	nari	/n/	50
Ⴢ	ⴢ	ჲ	ჲ	hie	/je/	60
Ⴍ	ⴍ	ო	ო	oni	/ɔ/	70
Ⴎ	ⴎ	პ	პ	p’ari	/p’/	80
Ⴏ	ⴏ	ჟ	ჟ	zhani	/ʒ/	90
Ⴐ	ⴐ	რ	რ	rae	/r/	100
Ⴑ	ⴑ	ს	ს	sani	/s/	200
Ⴒ	ⴒ	ტ	ტ	t’ari	/t’/	300
Ⴣ	ⴣ	ჳ	ჳ	vie	/uɪ/	400
Ⴓ	ⴓ	უ	უ	uni	/u/	400
Ⴔ	ⴔ	ფ	ფ	pari	/p$^{(h)}$/	500

Ⴕ	ⴕ	ქ	Ქ	kani	/kʰ/	600
Ⴖ	ⴖ	ღ	Ღ	ghani	/ɣ~ʁ/	700
Ⴗ	ⴗ	ყ	Ყ	q’ari	/q’/	800
Ⴘ	ⴘ	შ	Შ	shini	/ʃ/	900
Ⴙ	ⴙ	ჩ	Ჩ	chini	/tʃʰ/	1000
Ⴚ	ⴚ	ც	Ც	tsani	/tsʰ/	2000
Ⴛ	ⴛ	ძ	Ძ	dzili	/dz/	3000
Ⴜ	ⴜ	წ	Წ	ts’ili	/ts’/	4000
Ⴝ	ⴝ	ჭ	Ჭ	ch’ari	/tʃ’/	5000
Ⴞ	ⴞ	ხ	Ხ	khani	/x~χ/	6000
Ⴤ	ⴤ	ჴ	Ჴ	qari, hari	/qʰ/	7000
Ⴟ	ⴟ	ჯ	Ჯ	jani	/dʒ/	8000
Ⴠ	ⴠ	ჰ	Ჰ	hae	/h/	9000
Ⴥ	ⴥ	ჵ	Ჵ	hoe	/oː/	10000

제1강 철자와 발음 მართლწერა და გამოთქმა

1 알파벳

ა	ბ	გ	დ	ე	ვ	ზ	თ	ი	კ	ლ
ani	*bani*	*gani*	*doni*	*eni*	*vini*	*zeni*	*tani*	*ini*	*k'ani*	*lasi*
아	브 (b)	그	드	에	브 (v)	즈 (z)	트	이	끄	르 (l)

მ	ნ	ო	პ	ჟ	რ	ს	ტ	უ	ფ	ქ
mani	*nari*	*oni*	*p'ari*	*zhani*	*rae*	*sani*	*t'ari*	*uni*	*pari*	*kani*
므	느	오	쁘	즈흐 (zh)	르	스	뜨	우	프	크

ღ	ყ	შ	ჩ	ც	ძ	წ	ჭ	ხ	ჯ	ჰ
ghani	*q'ari*	*shini*	*chini*	*tsani*	*dzili*	*ts'ili*	*ch'ari*	*khani*	*jani*	*hae*
그흐 (gh)	끄	슈 (sh)	츠	ㄸ츠 (ts)	ㄷ즈 (dz)	쯔 (ts')	ㅅ쯔 (ch')	ㅋ흐 (kh)	즈	흐

알파벳 쓰기

2 자음

현대 조지아어의 알파벳 중 자음자는 28개, 모음자는 5개로 구성되어 33개의 음소를 나타낸다. 자음은 음절을 형성하지 않는다. 단자음, 이중자음, 다중자음의 연쇄 자음군을 가진다. 조음 방법으로는 파열음과 파찰음, 비음, 마찰음, 전동음, 설측음으로 나뉘며, 다시 유기음, 방출음, 유성음으로 나뉜다.

2.1 열음

	방출음	유기음	유성음
양순음	პ [p']	ფ $[p^h]$	ბ [b]
치경음	ტ [t']	თ $[t^h]$	დ [d]
연구개음	კ [k']	ქ $[k^h]$	გ [g]
구개수음	ყ [q']		

გ 는 영어의 ' g ' 발음이 나며, ქ 는 영어의 ' c ' 발음 (cool' [kh u:l])으로 난다. კ는 된소리 ' ㄲ(k') '와 가깝다.

• 발음 비교

გ - გემი | gεmi | 배	გოგონა | gɔgɔnɑ | 소녀
ქ - ქოლგა | k⁽ʰ⁾ɔlga | 우산	ქუდი | k⁽ʰ⁾udi | 모자
კ - სკამი | sk'ami | 의자	სოკო | sɔk'ɔ | 버섯
ყ - ყვავილი | q'vavili | 꽃	ბაყაყი | baq'aq'a | 개구리
დ - დედა | dεda | 어머니	დაფა | dap⁽ʰ⁾a | 칠판
თ - თითი | t⁽ʰ⁾it⁽ʰ⁾i | 손가락	თუთა | t⁽ʰ⁾ut⁽ʰ⁾a | 오디

ტ - ტელევიზორი | t'εlεvizɔri | 텔레비전
ტოტი | t'ɔt'i | 가지, 나무가지

2.2 파찰음

	방출음	유기음	유성음
치경음	წ [ts']	ც [tsʰ]	ძ [dz]
후치경음	ჭ [tʃ']	ჩ [tʃʰ]	ჯ [dʒ]

• 발음 비교

შ - შარვალი (바지) შავი (검은색)

ძ - ძმა (형, 오빠, 남동생) ძია (삼촌)

2.3 비음

	무성	유성
양순음		მ [m]
치경음		ნ [n]

2.4 마찰음

	무성	유성
순치음		ვ [v]
치경음	ს [s]	ზ [z]
후치경음	შ [ʃ]	ჟ [ʒ]
연구개음	ხ [x]	ღ [ɣ]
성문음	ჰ [h]	

연구개음 무성 자음 ხ[x]와 유성자음 ღ[ɣ]은 구개수음으로 분류되기도 한다.

• 발음 비교

ს - საათი (시계)   სურათი (사진)

ზ - ზამთარი (겨울)   ვაზი (포도나무)

ჟ - ჟირაფი (기린)   ჟოლო (산딸기)

2.5 전동음

	무성	유성
치경음		რ [r]

2.6 설측음

	무성	유성
치경음		ლ [l]

자음을 유성음, 유기음, 방출음으로 나누면 다음과 같다.

유성음	ბ b	დ d	ძ dz	ჯ j	გ g	–
유기음	ფ p	თ t	ც ts	ჩ ch	ქ k	–
방출음	პ p'	ტ t	წ ts'	ჭ ch'	კ k'	ყ q'

2.7 자음군

자음군의 발음은 구강의 앞쪽에서 뒤쪽으로 이동하며 발음되고, 유성+유성, 유성+무성, 무성+무성의 자음군이 있다.

დ + ღ დღე | dɣɛ | 날(日)
ტ + ყ ტყე | t'q'ɛ | 숲
ბ + გ ბგერა | bgɛra | 소리
თ + ქ თქვენ | t$^{(h)}$k$^{(h)}$vɛn | 당신
ზ + ღ ზღვა | zɣva | 바다
ს + ხ სხვა | sχva | 다른

3 모음

조지아어의 모음은 5개이다. 모음은 연속으로 올 수 있으나, 이중 모음이 없으므로 모음을 이중으로 발음하지 않는다. 모음은 전설모음(ე, ი), 중설모음(ა), 후설모음(უ, ო)으로 나뉘며, 고모음(უ), 중모음(ე, ო), 저모음(ა)으로 구분된다.

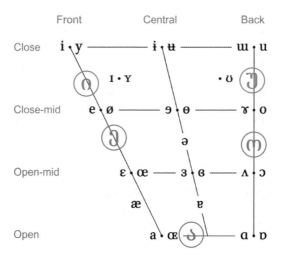

- მიუახლოებს : მი-უ-ახლ-ო-ებ-ს
  (그가 그것을 그곳에 가까이 다가가게끔 할 것이다.) 5음절로 구성
- თითოეული : თი-თო-ე-ულ-ი
  (각자, 각각) 5음절로 구성

4 동화작용 및 이화작용

조지아어는 인접한 소리에 동화작용과 이화작용이 나타나며, 어중음 탈락 현상이 있다.

4.1 동화작용

- კბილი | k'bili | 치아 → კპილი | k'p'ili |
  자음 ბ 는 자음 პ와 유사하게 발음
- ვაჟკაცი | vaʒk'ats$^{(h)}$i | 용감한 남자 → ვაშკაცი | vaʃk'ats$^{(h)}$i |
  자음 ჟ는 შ와 유사하게 발음

4.2 이화작용

발음의 서로 영향을 미치는 경우, -რ-는 -ლ-로 이화 된다.

- რუსური | rusuri | → რუსული | rusuli | 러시아의

5 탈락

5.1 어중음 탈락

자음으로 끝나는 어간의 마지막 모음 -ა, -ე, -ო는 탈락한다. 명사의 복수표지가 어간 뒤에 오므로, 명사의 복수에서 어중음 탈락 현상을 가장 흔히 볼 수 있다.

- მეზობელი (단수) → მეზობლები (복수)
- კალამი (단수) → კალმები (복수)

5.2 탈락

일부 어간은 모음으로 끝나는데, 어간의 모음이 탈락하는 현상이다.

- დედა 엄마 → დედის 엄마의
- მამა 아빠 → მამის 아빠의

6 음운전환

6.1 전환

자음 ვ, ნ, ლ, რ 앞, 뒤로 음운이 전환된다.

- თრვამეტი 숫자 18 → თვრამეტი
- გასხლვა 가지치기 → გასხვლა

6.1 모음 교체

조지아어에서는 문법적 기능을 나타내는 접사가 다양하게 존재한다. 모음의 변화는 단순한 발음을 나타내는 것이 아닌, 문법사항이 변경되기 때문에 유의해야 한다.

- გააჩენს 그녀가 그를 낳을 것이다.
  → გააჩინა 그녀가 그를 낳았다.

7 강세

조지아어에서 강세는 강하게 나타나지 않는 특징이 있다. 2음절과 3음절의 단어의 강세는 보통 첫 번째 음절에 오지만, 두드러지지 않는다. 의문문, 3음절 이상의 단어에서 2차 강세가 있을 경우 억양을 뚜렷이 한다.

- 2음절 ჩი-ტი (chi-ti) 새
- 3음절 ქა-ლა-ქი (ka-la-ki) 도시
- 4음절 პა-რას -კ-ევი (pa-ras-ke-vi) 금요일

8 음절

조지아어의 기본음절 구조는 CVC (자음+모음+자음)의 형태이다. CV (자음+모음), CVC (자음+모음+자음), CCV (자음+자음+모음), CVCC (자음+모음+자음+자음) 등의 다양한 형태의 음절이 있다.

- CV (자음+모음): მე 나(1인칭단수)
- CVC (자음+모음+자음): სამი 숫자 3
- CCV (자음+자음+모음): მწვანე 녹색
- CVCC (자음+모음+자음+자음): ვარსკვლავი 별

სავარჯიშო. 다음의 단어를 읽어 보시오.

① ბავშვი	바브슈비	아기	⑥ მამა	마마	아빠
② გოგონა	고고나	소녀	⑦ წიგნი	치그니	책
③ და	다	언니(여동생)	⑧ სკამი	스카미	의자
④ ოთახი	오타히	방	⑨ ლეკვი	레크비	강아지
⑤ დედა	데다	엄마	⑩ სკოლა	스콜라	학교

text ტექსტი. 다음의 문장을 읽어보시오.

გოგონა სოკოს კრეფს. დედა სკამზე ზის.
მასწავლებელი დაფაზე წერს. ძმას შავი ფერის ქუდი ახურავს.

단어사전 ლექსიკონი.

გემი 배	ქოლგა 우산	სკამი 의자	თითი 손가락
სოკო 버섯	გოგონა 소녀	დაფა 칠판	საათი 시계
სურათი 사진	ქალაქი 도시	დღე 날(日), 낮	ტყე 숲
ზგერა 소리	წიგნი 책	ზღვა 바다	ვარსკვლავი 별

제2강 명사의 수 არსებითი სახელის რიცხვი

조지아어 명사는 일반 명사, 고유 명사, 추상 명사, 집합 명사, 물질 명사, 구체 명사로 나뉜다. 명사는 성(性)을 갖지 않으나, 격과 수에 따라 다른 어미를 갖는다. 조지아어 명사의 격은 7개로 나뉘며, 명사의 수는 단수와 복수이다. 명사는 활동 명사와 불활동 명사로 나뉜다. 활동 명사는 사람을 포함한 동물, 곤충, 물고기 등으로 나뉘며 나머지 사물, 자연은 불활동명사에 속한다. 그러나, 의문대명사 '누구? (ვინ?)'에 대한 답변으로는 사람만 쓸 수 있다. 명사에서 동사가 파생된다.

1 명사의 복수

명사의 복수는 -ებ, -ნ, -თ를 어간에 붙여 나타낸다. -ა로 끝나는 명사의 경우 -ა를 생략하고 복수 표지 -ებ를 붙여 나타낸다. -ებ- 이외에도 -ნ, -თ의 복수표지를 갖는 명사가 있다.

단수		복수	
კაცი	남자	კაც-ებ-ი	남자들
ადამიანი	사람	ადამიან-ებ-ი	사람들
წიგნი	책	წიგნ-ებ-ი	책들
გზა	도로, 길	გზ-ებ-ი (모음탈락)	거리들, 도로들
მანქანა	자동차	მანქან-ებ-ი (모음탈락)	자동차들
ამხანაგი	동료, 친구	ამხანაგ-ნი[1]	동료들, 친구들
ფრინველი	새	ფრინველ-თ	새들

-ო, -ა, -ე, -ნ, -მ, -რ, -ლ 로 끝나는 단어의 경우 복수를 나타낼 때, -მ, -ნ, -რ, -ლ의 앞 모음 -ო, -ა, -ე는 탈락된다.[1]

- მეგობარი 친구 – მეგობრები 친구들
- სოფელი 시골(마을) – სოფლები 시골들, 마을들
- მეზობელი 이웃 – მეზობლები 이웃들
- საბანი 이불 – საბნები 이불들
- მეომარი 전사 – მეომრები 전사들

연습문제 **სავარჯიშო.** 다음의 단어를 복수로 만드시오.

단수	뜻	복수
① სკამი	의자	
② დედა	엄마	
③ ძმა	오빠	
④ კალამი	볼펜	
⑤ რვეული	공책	
⑥ ჩანთა	가방	
⑦ ბავშვი	아기	
⑧ მოსწავლე	학생	
⑨ მასწავლებელი	선생님	
⑩ მაგიდა	테이블	

1 복수 어미 -ებ- 이외에도 -ნ, -თ의 복수표지를 갖는 명사가 있다. 그러나, 예를들어 단어 ამხანაგი (동료,친구)의 복수형은 ამხანაგ-ნი이며, ფრინველი (새)의 복수형은 ფრინველ-თ으로 고대 조지아어에서 사용했으나, 현대 조지아어에서는 거의 사용되지 않으며, ამხანაგი는 ამხანაგ-ებ-ი로 사용해야 하며, ფრინველ-ებ-ი로 써야 한다.

text ტექსტი. 다음의 텍스트를 읽어보시오.

ჩემი სახელია გიორგი. მე ვარ საქართველოდან. მე ვცხოვრობ და ვსწავლობ თბილისში. თბილისი საქართველოს დედაქალაქია. ის ლამაზი და ხალხმრავალი ქალაქია. მე მყავს ორი ძმა. ჩემი ძმები პატარები არიან. მათ აქვთ სათამაშოები და ფერადი ფანქრები. ჩემს ძმებს უყვართ სახლების, ხეების, ყვავილების, ცხოველების ხატვა.

단어사전 ლექსიკონი.

ცხოვრება 삶, 생명, 생활	ფანქრები 연필
სწავლა 공부하다	ლამაზი 아름다운
თბილისი 트빌리시	სახლები 집(pl.)
დედაქალაქი 수도	ხეები 나무(pl.)
ხალხმრავალი 붐비는	ყვავილები 꽃(pl.)
ძმები 형제	ცხოველები 동물(pl.)
სათამაშოები 장난감	ჩემი სახელი არის 내 이름은 ~입니다.

제3강	명사의 격	არსებითი სახელის ბრუნვა

조지아어 명사는 주격, 능격, 여격, 속격, 도구격, 부사격, 호격의 7개 격을
갖는다. 각 격은 단어 끝에 표지로 표시되며, 어간(주격형 어말모음)에 따라
다른 어미를 갖는다.

1 주격

주격은 자동사의 주어, 타동사 현재 시제의 주어, 타동사의 직접 목적어를
나타낼 때 쓰인다. 누구?(ვინ?), 무엇?(რა?)에 대한 질문에 대답할 수 있다.
주격의 표지는 -ი 이다.

- მოსწავლე სკოლაში მიდის.
  학생이 학교에 갑니다. (현재 시제 주어)

- ბავშვი სურათს ხატავს.
  아이는 그림을 그립니다. (타동사의 직접 목적어)

2 능격

조지아어에는 타동사의 목적어와 자동사의 주어는 동등하게 하고, 타동사
의 주어를 다르게 구분하는 능격의 문법적 체계를 갖는다. 타동사의 과거시
제에서 주체를 능격으로 나타낸다. 능격의 표지는 -მა이며, 어간이 모음으

로 끝날 때는 -მ이 붙는다. 현재형에서는 주어를 주격으로 사용하나, 과거 시제의 행동 주체인 주어를 능격으로 나타낸다.

- ბავშვ-მა   კალმით   დაწერა.
  아이가 볼펜으로 썼다.

- ანა-მ   კორეული   ისწავლა.
  아나[1]가 한국어를 배웠다.

3 여격

여격은 누구를?(ვის?), 무엇을(რას?)을 나타내는 타동사의 목적어 또는 간접 목적어를 나타내는 격이며, 장소와 시간, 계산의 표현에서도 사용한다. 여격을 수반하는 후치사(예: ~처럼)가 존재한다.

- გოგონა-ს ვხედავ.
  소녀를 보다.

- ჩემს მეგობარ-ს წიგნი ვაჩუქე.
  나의 친구에게 책을 선물했다.

- ამ საღამო-ს სტუმრები მოვლენ.
  손님들이 오늘 저녁에 올 것이다.

---

1   고유명사의 경우 국립국어원에서 제안한 외래어 표기법에 가장 가깝게 표기하려고 하였다. ანა(아나),
     გიორგი(기오르기) 등 예시에 등장하는 조지아인의 이름은 이 책에서 조지아어 학습을 위해 영어식 표기인
     Anna(안나), George(조지)로 표기하지 않고, 조지아식 발음을 그대로 살려 '아나', '기오르기' 등으로 표기한
     다.

- **ერთ-ს** მივუმატოთ ერთი ტოლია ორის.
  1에 1을 더하면 2가 된다. (어순 직역: 1에 1을 더하여 2가 된다.)

▥ 여격 지배 후치사

- მზესა-ვით 태양처럼
- კაცი-ვით 남자처럼

4 속격

속격은 소유와 전체의 부분 관계를 나타내며, 숫자 또는 날짜를 나타낼 때 결합하여 사용한다. 속격 수반 후치사를 사용하여 목적(~를 위해), 방향, 출처를 나타내며 명사에서 파생된 관계형용사로 쓰인다. '누구의(ვისი?)', '무엇의(რისი?)'에 대한 답변을 나타낸다.

- ეს **ვისი** წიგნია?
  이것은 누구의 책 입니까?

- **და-ის** წიგნია.
  언니의 책입니다.

- ის **სახლ-ის** პატრონია.
  그는 집의 주인이다.

- ეს **ქალ-ის** ჩანთაა.
  이것은 여자의 가방이다.

속격은 소유 뿐만 아니라 날짜, 목적어 후치사(~를 위해), 방향, 날짜도 나타낸다.

▓ 속격 지배 후치사

- მეზობლ-ის-თვის   이웃을 위해
- სახლ-ის-კენ   집으로

5 도구격

도구격은 문장의 부차성분으로만 사용되는 격이며, '무엇으로?(რით?)'라는 질문의 답변으로 사용된다. 도구격으로 사용 도구, 시간을 나타내며, '~을 통해서'의 의미를 담고 있다. 도구격은 사람을 지칭 할 때는 사용되지 않으나 어떤 사람이 한 행동에 대해서 만족을 표할 때는 사용한다.

- ქალმა ყვავილი მაკრატლ-ით მოჭრა.
  여자는 가위로 꽃을 잘랐다.

- ეზო ბავშვებ-ით გაივსო.
  마당은 아이들로 가득 찼다.

- შენ-ით ვამაყობ.
  (나는) 당신으로 인해 자랑스럽다.

6 부사격

부사격은 위치나 상황 및 조건이나 역할을 나타낼 때 사용된다. 부사격의 표지는 -ად 이다.

- ანა ექიმ-ად მუშაობს.
  아나는 의사로서 일한다.

· ყინვა **წყლ-ად** გადაიქცა.
얼음이 물로 변했다.

· დედა **მასწავლებლ-ად** მუშაობს.
어머니는 선생님으로 일하신다.

7 호격

호격은 명사나 대명사를 부르는 형태로 쓰인다. 주격 표지 -ი를 생략한다. 호격의 표지는 -ო로 음절이 긴 단어에서는 -ვ로 바뀐다.

· კაც-ო! 남자분! / ბიჭ-ო! 얘야! (소년에게)
· ბავშვებ-ო, მოდით აქ! 얘들아! 이리와!
· ქვეყანა-ვ! 조국이여!

8 명사의 곡용

명사의 곡용 변화는 다음과 같다. 명사의 어간의 끝이 모음/자음에 따라 변화를 갖는다.

	단수					복수	
격/ 어미	자음	-ა	-ე	-ი	-ო, -უ	-ებ	-ნ
주격	-ი	-Ø				-ებ-ი	-ნ-ი
능격	-მა	-მ(ა)				-ებ-მა	-თ(ა)
여격	-ს	-ს(ა)				-ებ-ს(ა)	
속격	-ის	-ის		-ს		-ებ-ის(ა)	
도구격	-ით	-ით		-თ	-თი	-ებ-ით(ა)	—
부사격	-ად	-ად	-დ	-დ	-დ	-ებ-ად(ა)	—
호격	-ო	-Ø, -ვ		-ვ	-Ø, -ვ	-ებ-ო	-ნ-ო

8.1 어간의 끝이 자음으로 끝나는 경우

შვილი(자녀)의 격변화

	단수	복수
주격	ქმარ-ი	ქმრ-ებ-ი
능격	ქმარ-მა	ქმრ-ებ-მა
여격	ქმარ-ს	ქმრ-ებ-ს
속격	ქმრ-ის	ქმრ-ებ-ის
도구격	ქმრ-ით	ქმრ-ებ-ით
부사격	ქმრ-ად	ქმრ-ებ-ად
호격	ქმარ-ო	ქმრ-ებ-ო

ქმარი(남편)의 격변화

	단수	복수
주격	შვილ-ი	შვილ-ებ-ი
능격	შვილ-მა	შვილ-ებ-მა
여격	შვილ-ს	შვილ-ებ-ს
속격	შვილ-ის	შვილ-ებ-ის
도구격	შვილ-ით	შვილ-ებ-ით
부사격	შვილ-ად	შვილ-ებ-ად
호격	შვილ-ო	შვილ-ებ-ო

어간의 어미가 -არ, -ან, -ამ, 또는 -ელ, -ორ, -ოლ로 끝날 때 속격, 도구격, 부사격에서 어간의 모음(ა, ე, ო)은 탈락한다. 어간이 -არ, -ან, -ამ, 또는 -ელ, -ორ, -ოლ로 끝나는 명사는 복수 표지 -ებ 앞에서도 모음이 탈락한다. 복수의 경우 -ებ 표지를 갖는 형태와 -ნ표지 표지 형태를 갖는 두 가지로 분류된다.

კარი(문(door))의 격변화

	단수	복수
주격	კარ-ი	კარ-ებ-ი
능격	კარ-მა	კარ-ებ-მა
여격	კარ-ს	კარ-ებ-ს
속격	კარ-ის	კარ-ებ-ის
도구격	კარ-ით	კარ-ებ-ით
부사격	კარ-ად	კარ-ებ-ად
호격	კარ-ო	კარ-ებ-ო

სკამი(의자)의 격변화

	단수	복수
주격	სკამ-ი	სკამ-ებ-ი
능격	სკამ-მა	სკამ-ებ-მა
여격	სკამ-ს	სკამ-ებ-ს
속격	სკამ-ის	სკამ-ებ-ის
도구격	სკამ-ით	სკამ-ებ-ით
부사격	სკამ-ად	სკამ-ებ-ად
호격	სკამ-ო	სკამ-ებ-ო

8.2 어간의 끝이 모음으로 끝나는 경우

모음은 열린모음(ა, ე)과 닫힌 모음(უ, ი)으로 나뉘는데, 열린 모음으로 명사의 어간이 -ა 또는 -ე로 끝날 경우 속격과 도구격에서 어간의 어미 모음이 탈락한다. 닫힌 모음으로 어간의 어미가 끝나는 명사는 모음이 탈락하는 현상이 발생하지 않는다.

-ა로 끝나는 명사 :

გზა(길, 도로)의 격변화

	단수	복수
주격	გზა	გზ-ებ-ი
능격	გზა-მ	გზ-ებ-მა
여격	გზა-ს	გზ-ებ-ს
속격	გზ-ის	გზ-ებ-ის
도구격	გზ-ით	გზ-ებ-ით
부사격	გზა-დ	გზ-ებ-ად
호격	გზა-ვ/ო	გზ-ებ-ო

ძმა(형제)의 격변화

	단수	복수
주격	ძმა	ძმ-ებ-ი
능격	ძმა-მ	ძმ-ებ-მა
여격	ძმა-ს	ძმ-ებ-ს
속격	ძმ-ის	ძმ-ებ-ის
도구격	ძმ-ით	ძმ-ებ-ით
부사격	ძმ-ად	ძმ-ებ-ად
호격	ძმა-ვ/ო	ძმ-ებ-ო

▦ -ე로 끝나는 명사 :

ძე(아들)의 격변화

	단수	복수
주격	ძე	ძე-ებ-ი
능격	ძე-მ	ძე-ებ-მა
여격	ძე-ს	ძე-ებ-ს
속격	ძ-ის	ძე-ებ-ის
도구격	ძ-ით	ძე-ებ-ით
부사격	ძე-დ	ძე-ებ-ად
호격	ძე-ვ/ო	ძე-ებ-ო

ხე(나무)의 격변화

	단수	복수
주격	ხე	ხე-ებ-ი
능격	ხე-მ	ხე-ებ-მა
여격	ხე-ს	ხე-ებ-ს
속격	ხ-ის	ხე-ებ-ის
도구격	ხ-ით	ხე-ებ-ით
부사격	ხე-დ	ხე-ებ-ად
호격	ხე-ვ/ო	ხე-ებ-ო

어간이 열린 모음으로 끝나는 명사의 경우, 속격과 도구격에서 어미의 모음만 탈락될 뿐 아니라 어근의 모음이 탈락하기도 한다.

	ქვეყანა (나라)	ფანჯარა (창문)	მოყვარე (친구)
주격	ქვეყანა	ფანჯარა	მოყვარე
능격	ქვეყანა-მ	ფანჯარა-მ	მოყვარე-მ
여격	ქვეყანა-ს	ფანჯარა-ს	მოყვარე-ს
속격	ქვეყნ-ის	ფანჯრ-ის	მოყვრ-ის
도구격	ქვეყნ-ით	ფანჯრ-ით	მოყვრ-ით
부사격	ქვეყნ-ად	ფანჯრ-ად	მოყვრ-ად
호격	ქვეყანა-ვ/ო	ფანჯარა-ვ/ო	მოყვარე-ვ/ო

닫힌 모음으로 끝나는 명사는 어간 모음의 탈락 없이 격변화 한다.

რუ(냇물, 개울)의 격변화

	단수	복수
주격	რუ	რუ-ებ-ი
능격	რუ-მ	რუ-ებ-მა
여격	რუ-ს	რუ-ებ-ს
속격	რუ-ს	რუ-ებ-ის
도구격	რუ-თ	რუ-ებ-ით
부사격	რუ-დ	რუ-ებ-ად
호격	რუ-ო	რუ-ებ-ო

외래어에서 차용된 명사도 열린 모음으로 끝나는 어간을 가진 경우 -უ로 끝나는 명사와 동일하게 격변화 한다.

ტრამვაი(트램)의 격변화

	단수	복수
주격	ტრამვაი	ტრამვა-ებ-ი
능격	ტრამვაი-მ	ტრამვა-ებ-მა
여격	ტრამვაი-ს	ტრამვა-ებ-ს
속격	ტრამვაი-ს	ტრამვა-ებ-ის
도구격	ტრამვაი-თ	ტრამვა-ებ-ით
부사격	ტრამვაი-დ	ტრამვა-ებ-ად
호격	—[2]	—

კაფე(카페)의 격변화

	단수	복수
주격	კაფე	კაფე-ებ-ი
능격	კაფე-მ	კაფე-ებ-მა
여격	კაფე-ს	კაფე-ებ-ს
속격	კაფე-ს	კაფე-ებ-ის
도구격	კაფე-თ	კაფე-ებ-ით
부사격	კაფე-დ	კაფე-ებ-ად
호격	—[3]	—

---

[2] 형태적으로 ტრამვაი, ტრამვა-ებ-ო로 만들 수 있으나 사용하지 않음.

[3] 형태적으로 კაფე, კაფე-ებ-ო 만들 수 있으나 사용하지 않음.

지명, 인명도 보통 명사와 동일한 법칙으로 격변화 한다.

	트빌리시	므뜨끄바리 강	아짜라 (지역이름)
주격	თბილისი	მტკვარი	აჭარა
능격	თბილის-მა	მტკვარ-მა	აჭარა-მ
여격	თბილის-ს	მტკვარ-ს	აჭარა-ს
속격	თბილის-ის	მტკვრ-ის	აჭარ-ის
도구격	თბილის-ით	მტკვრ-ით	აჭარ-ით
부사격	თბილის-ად	მტკვრ-ად	აჭარა-დ
호격	თბილის-ო	მტკვარ-ო	აჭარა-ვ

연습문제 სავარჯიშო. 단어의 알맞은 격 형태로 곡용하시오.

① (ანა)...მიდის სკოლაში.
② (დედა)...სადილი მოამზადა.
③ მოსწავლე (დავალება)...ამზადებს.
④ (თბილისი)...ქუჩები ლამაზია.
⑤ მე ჩაის (რძე)...ვსვამ.
⑥ მამაჩემი (ექიმი)...მუშაობს.
⑦ (ბიჭი)...მოდი აქ!

text ტექსტი. 다음의 텍스트를 읽어보시오.

ანა 20 წლის არის. ის უცხო ენების ინსტიტუტის სტუდენტია.
ანა კორეული ენის განყოფილებაზე კორეულ ენას სწავლობს.

კორეული ენის გარდა, ის დაინტერესებულია იაპონური და ჩინური ენით, სურს თარჯიმანი გახდეს. სწავლის გასაგრძელებლად მას მასწავლებელმა ურჩია კორეის უნივერსიტეტში მაგისტრატურაზე ჩაბარება, რისთვისაც მონდომებით ემზადება. კონკრეტულად კორეის რომელ უნივერსიტეტში ისწავლის ჯერ არ იცის. უნივერსიტეტის შესარჩევად დრო აქვს. საზღვარგარეთ მაგისტრატურის დამთავრების შემდეგ, სამშობლოში დაბრუნებას და პროფესიით მუშაობის დაწყებას გეგმავს.

단어사전 ლექსიკონი.

კორეული ენის განყოფილება 한국어학과	
ჩაბარება 입학, 들어 가는 것 (სკოლაში 학교에)	
წელი 년도	უცხო ენა 외국어
ჩინური ენა 중국어	იაპონური ენა 일본어
სწავლა 공부하다, 배우다(vn)	გაგრძელება 계속하다(vn)
რჩევა 조언	გეგმა 계획
შერჩევა 선택	მონდომებით 열심히
დრო 시간	საზღვარგარეთი 해외
სამშობლო 조국, 모국	დაბრუნება 돌아오다(vn)
მუშაობა 일하다(vn)	მაგისტრატურა 석사 학위
ინსტიტუტი 대학교	კონკრეტულად 구체적으로
დაინტერესება 관심 (갖다)	დამთავრება 졸업 (სკოლის 학교를)
თარჯიმანი 통역가	პროფესია 직업
მასწავლებელი 선생님	არ 부정 소사, ~아닌, 안하다

제4강 대명사 ნაცვალსახელი

1 인칭대명사

인칭	단수	복수
1	მე / 나	ჩვენ / 우리
2	შენ / 너	თქვენ / 너희들, 당신 (2인칭 존칭어로도 쓰임)
3	ის / 그	ისინი / 그들

- **მე** მოსწავლე ვარ.
  나는 학생이다.

- **ის** არის ჯარისკაცი.
  그는 군인이다.

- ანა, **თქვენ** სად მუშაობთ?
  아나씨, 당신은 어디서 일합니까?

- **თქვენ** მესამე კლასში ხართ?
  너희들은 3학년이니?

- **ჩვენ** კლასელები ვართ.
  우리는 동급생이다.

- ისინი ერთ სახლში ცხოვრობენ.

그들은 한 집에 살고 있다.

1.1 인칭 대명사의 격변화

	단수			복수		
	1	2	3	1	2	3
주격	მე	შენ	ის	ჩვენ	თქვენ	ისინი
능격	მე	შენ	მან	ჩვენ	თქვენ	მათ
여격	მე	შენ	მას	ჩვენ	თქვენ	მათ
속격	ჩემ	შენ	მის	ჩვენ	თქვენ	მათ
도구격	ჩემით	შენით	მით	ჩვენით	თქვენით	მათით
부사격	ჩემად	შენად	იმად	ჩვენად	თქვენად	მათად
호격	—	შენ, შე	—	—	თქვე	—

2 의문 대명사

ვინ?	누구?
რა?	무엇?
რამდენი?	얼마나?
რანაირი?	어떤(type)?
რომელი? / როგორი?	어떤(specific)?
როდინდელი?	언제부터?
სადაური?	어디로부터(출신)?

· ვინ არიან ისინი? – ისინი არიან მასწავლებლები.
  그들은 누구입니까? – 그들은 선생님입니다.

· როგორი ამინდია დღეს? – კარგი ამინდია.
  오늘 날씨는 어때요? – 날씨가 좋아요.

· ანა რამდენი წლისაა? – ანა არის 20 წლის.
  아나는 몇 살이에요? – 아나는 20살이에요.

· რომელი ფერი მოგწონს? – მე მომწონს ცისფერი და თეთრი.
  (당신은) 어떤 색깔을 좋아하나요? – 나는 파란색과 흰색을 좋아해요.[1]

3 소유대명사

ვისი (누구의)?		
인칭	단수	복수
1	ჩემი (나의)	ჩვენი (우리의)
2	შენი (너의)	თქვენი (너희들의, 당신의)
3	მისი (그의)	მათი (그들의)

· ვისი წიგნია?
  누구의 책입니까?

· ჩემი და
  나의 언니

---

1 რომელი는 두 가지의 선택지 중 하나를 고르는 '어떤(which one)'에 해당하며, რანაირი는 რომელი보다 더 구체적인 정보를 원할 때 묻는 의문사(what kind)이다.

- **შენი** ძაღლი
  너의 개(강아지: ლეკვი)

- **მისი** მეგობარი
  그의 친구

- **მისი** სახელია ანა.
  그녀의 이름은 아나이다.

- **თქვენი** წიგნები ვიყიდეთ.
  (우리는) 당신의 책을 샀다.

- **მათი** ამბავი საინტერესოა.
  그들의 이야기는 흥미롭다.

소유 대명사 + 가족 표현은 하나의 명사처럼 쓰이기도 한다.

- ჩემი დედა ⇒ დედაჩემი 나의 엄마
- მისი მამა ⇒ მამამისი 그의 아빠
- თქვენი ბებია ⇒ ბებიათქვენი 너희들의 할머니

'무엇의'의 의문사는 რისიᅟ이다.

- რისი ნაწილია?
  무엇의 부분입니까?

3.1 소유대명사의 격변화

격	나의 친구	너의 부모님
주격	ჩემი მეგობარი	შენი მშობლები
능격	ჩემმა მეგობარმა	შენმა მშობლებმა
여격	ჩემს მეგობარს	შენს მშობლებს
속격	ჩემი მეგობრის	შენი მშობლების
도구격	ჩემი მეგობრით	შენი მშობლებით
부사격	ჩემს მეგობრად	შენს მშობლებად
호격	ჩემო მეგობარო	—

4 대명사의 소유

대명사가 소유하고 있는 것, 혹은 대명사에 포함되어 있거나 대명사의 일부를 나타낸다.

ex) 마리암의 것(소유), 나무의 뿌리(나무의 일부)

누군가의 물건을 나타낼 때, 이름에 -ს 를 붙여 대상의 소유를 나타낸다.

- ანა + ს　　아나의 것
- მარიამ + ის　　마리암의 것
- ელენე + ს　　엘레네의 것

-ა 또는 -ე로 끝나는 이름의 경우 -ა, -ე는 탈락 하고 -ის를 붙여 소유를 나타낸다.

- აბაზანა. აბაზან + ის ⇒ აბაზანის 욕실의 (거울, 타일...)
- ხე. ხ + ის ⇒ ხის 나무의 (뿌리, 잎사귀, 줄기 등...)
- სკოლა. სკოლ + ის ⇒ სკოლის 학교의(건물, 부속 등...)

5 지시대명사

지시대명사는 근칭, 중칭, 원칭 세 가지로 나누어 사람과 사물을 지칭한다.

    a. 근칭 : 화자에서 가까운 것 (이것, this)
    b. 중칭 : 화자와 청자 둘 다에게 가까운 것, 화자-청자에게 비슷한
             거리 (그것, that)
    c. 원칭 : 화자와 청자 둘 다에게 먼 것 (저것, that over there)

5.1 지시대명사의 격변화

격/거리	단수			복수		
	근칭	중칭	원칭	근칭	중칭	원칭
주격	ეს	ეგ	ის	ესენი	ეგენი	ისინი
능격	ამან	მაგის	იმას	ამათ	მაგათ	იმათ
여격	ამას	მაგას	იმას	ამათ	მაგათ	იმათ
속격	ამის	მაგის	იმის	ამათ	მაგათ	იმათ
도구격	ამით	მაგით	იმით	—		
부사격	ამად	მაგად	იმად	—		

6 재귀 대명사

문장 내 주어와 목적어가 일치할 시, 목적어에 재귀 대명사를 사용한다.

თვით	my/self
თვითონ	himself, herself, itself
თითოეული	each
ყოველი	every
ყველა	all

· მან თვითონ გააკეთა ყველაფერი.
  그는 모든 것을 스스로 했다.

· თვით პოეტმა წაიკითხა საკუთარი ლექსი.
  시인 스스로가 자신의 시를 읽었다.

· თითოეული წამი ძვირფასია.
  매 순간이 소중하다.

· მე თვითონ შევასრულე დავალება.
  나는 스스로 숙제를 했다.

· ყველა მოსწავლე დაესწრო გაკვეთილს.
  모든 학생이 수업에 참석했다.

연습문제 **სავარჯიშო.** 보기 중 알맞은 인칭대명사를 골라 다음의 문장에 넣으시오.

보기 მე , შენ, ის, ჩვენ, თქვენ, ისინი

① ... ვარ 16 წლის.

② სად ცხოვრობ ...?

③ ...სკოლის მასწავლებელია.

④ გუშინ ... კინოში წავედით.

⑤ ეს შეჯიბრება ...მოიგეთ.

⑥ ... სკოლის მოსწავლეები არიან.

text **ტექსტი.** 대명사에 유의하여 텍스트를 읽어 보시오.

ეს დედაჩემია. დედაჩემი ქართული ენის მასწავლებელია. ჩვენ გუშინ დავბრუნდით კორეიდან. ახლა ზაფხულის არდადეგები გვაქვს. ჩემი არდადეგები სექტემბერში მთავრდება. მე და დედა რამდენიმე კვირით ბებიასთან წავალთ და მის სახლში დავისვენებთ. ბებია მოხუცია, მაგრამ ის ყველა საქმეს თვითონ აკეთებს.

단어사전 **ლექსიკონი.**

კორეული 한국의	ზაფხული 여름	არდადეგები 방학
რამდენიმე 몇	კვირა 주(週), 일요일	ბებია 할머니

제5강 형용사 ზედსართავი სახელი

형용사는 성질형용사와 관계형용사로 나뉜다. 형용사는 명사, 수사, 인칭 단어에서 파생된다. 단수, 복수로 나뉘며 격변화를 한다.

როგორი?	어떤? (of what kind)	ახალი წმინდა, სუფთა მშვენიერი კარგი ცუდი წითელი ლურჯი პატარა გრძელი მოკლე	새로운 깨끗한 아름다운 좋은 나쁜 빨간색의 파란색의 작은 긴 짧은
რომელი?	어떤? (which-specific)	უმცროსი უფროსი	손아래의 손위의
რანაირი?	어떤? (of what kind-type)	ჭკვიანი სულელი უშნო მომწვანო საინტერესო უინტერესო	똑똑한 어리석은 예쁘지 않은, 못생긴 초록 빛깔을 띤 흥미로운 흥미가 없는, 지루한

სადაური?	어디로부터?(출신) (of what place)	ქალაქელი სოფლელი იქაური ქართველი	도시의 시골의 지방의 조지아의
როდინდელი?	언제부터? (of what time)	შარშანდელი დღევანდელი გუშინდელი ხვალინდელი	작년의 오늘의 어제의 내일의

1 형용사의 격변화

형용사의 격변화는 수에 영향을 받지 않으며, 형용사의 어간이 모음이냐 자음이냐에 따라 다른 격변화 형태를 갖는다. 형용사가 자음으로 끝나는 경우, 주격, 능격은 명사와 동일하게 격변화 하며, 여격과 부사격에서는 탈락 어미를 갖는다. 모음으로 끝나는 형용사는 그 수와 격에 따라 형태가 변하지 않는다.

격	큰 책
주격	დიდ-ი წიგნ-ი
능격	დიდ-მა წიგნ-მა
여격	დიდ-ø წიგნ-ს
속격	დიდ-ი წიგნ-ის
도구격	დიდ-ი წიგნ-ით
부사격	დიდ-ø წიგნ-ად
호격	დიდო წიგნ-ო

▥ 형용사가 명사로 쓰이는 경우

형용사가 명사로 쓰이는 경우, 형용사는 명사와 동일하게 격변화 한다. 어중음을 첨가하기도 한다.

2 관계형용사

관계형용사는 명사에 접사를 붙여 나타낸다.

명사	접사	형용사
ცოლი 아내 შაქარი 설탕	-იან -있는, -한	ცოლიანი 아내가 있는 (남자) შაქრიანი 달콤한, 설탕이 들어 있는
გემო 맛 ბედი 행복 ღონე 힘	-იელ/ -იერ -있는, -한	გემრიელი 맛이 있는 ბედნიერი 행복한 ღონიერი 힘이 있는(센)
მედალი 메달	-ოსან (-자)	მედალოსანი 메달 수령자
კლდე 돌	-ოვან -로 이루어진 (만들어진)	კლდოვანი 암석으로 된
ნაკლი 부족, 결핍 შვილი 자녀	უ-ო -없는	უნაკლო 흠잡을 데 없는, 완벽한 უშვილო 자녀 없는

გემო 맛 ბედი 행운 ფერი 색깔	უ-ურ/ -없는 უ-ულ -않은 -무~의	უგემური 맛이 없는 უბედური 운이 없는 უფერული 무색의
სეული 서울 ნიუ-იორკი 뉴욕 ხვალ 내일	-ელ -인의 -의	სეულელი 서울사람의 ნიუ-იორკელი 뉴욕 사람의 ხვალინდელი 내일의
ქალაქი 도시 კორეა 한국	-ურ/ (-적인, ულ 스타일의)	ქალაქური 도시의 კორეული 한국의
გული 심장	-ად (-있는)	გულადი 용기 있는(용감한)
ძირი 뿌리	ითად (-적인)	ძირითადი 기본적인

3 비교급

비교급은 უფრო- +형용사 원급으로 나타낸다. 전치사 ვიდრე 또는 접미사 -ზე는 비교 대상인 '~보다'를 나타낸다.

- უმცროსი ძმა უფრო პატარაა, ვიდრე უფროსი და.
  = უმცროსი ძმა უფროს და-ზე პატარაა.
  동생은 누나 보다 더 작다. (동생이 누나보다 작다.)

- ჩემი წიგნი უფრო მძიმეა, ვიდრე შენი.
  = ჩემი წიგნი შენს წიგნ-ზე მძიმეა.
  나의 책은 너의 책보다 더 무겁다. (나의 책이 너의 책보다 무겁다.)

어미 -ელ 및 -ილ 로 끝나는 형용사는 -ელ- 및 -ილ- 가 탈락한다.

- გრძ-ელ-ი → მო-გრძ-ო → უ-გრძ-ეს-ი.
- ტკბ-ილ-ი → მო-ტკბ-ო → უ-ტკბ-ეს-ი.

감소비교의 경우 მო + 기본급 어간 + ე 로 나타낸다.

- ლურჯი 파란 - მოლურჯო 푸르스름한, 파란 색보다 연한 색의
  (bluish)
- ტკბილი 달콤한 - მოტკბო 덜 달콤한

4 최상급

형용사의 최상급은 ყველაზე+ 기본급 또는 უ- 기본급의 어간 -ეს 으로 나타낸다.

- საქართველოს ულამაზესი ბუნება აქვს.
  조지아에는 가장 아름다운 자연이 있다. (직역: 갖고있다.)

형용사 맨 앞에 უ- 가 오는 단어의 경우, 최상급 접두사 უ-와 두 번 반복하여 쓰지 않는다.

- ლამაზი 아름다운 - ულამაზესი 가장 아름다운
  (틀린 예시 - უულამაზესი)

5 비교급의 예외

다음의 형용사는 어휘에 비교급 표지를 붙이지 않고 별도의 비교급 어휘를 갖는다.

- ბევრი 많은 - მეტი 더 많은
- კარგი 좋은 - უკეთესი 더 좋은
- ცოტა 적은 - ნაკლები 더 적은
- ცუდი 나쁜 - უარესი 더 나쁜

비교급을 갖지 않는 형용사도 존재한다.

- ჩუმი- 조용한
- ნელი- 느린
- ანკარა- 맑은
- სველი- 젖은
- კოჭლი- 절뚝거리는

연습문제 სავარჯიშო. 다음의 명사를 형용사로 만드시오.

① მეგობარი →
② ქუდი →
③ ხვალ →

연습문제 სავარჯიშო. 접사 უ-ეს 및 접사 მო-ო 사용하여 형용사의 최상급과 감소급으로 바꾸시오.

① ჩვენს სახლში (ყველაზე დიდი) ... ჩემი ოთახია.
② ანა (ყველაზე ლამაზი) ... გოგოა.
③ ეს ადამიანი (ყველაზე საყვარელი) ... მათ შორის, ვისაც კი ვიცნობ.
④ მისი ყავა (მწარე) ... არის.
⑤ ეს ყვავილი არის (ვარდისფერი).
⑥ ამ წიგნს (ცისფერი) ... ყდა აქვს.

text ტექსტი. 형용사에 유의하여 다음의 텍스트를 읽어보시오.

ერთხელ მეფემ ვეზირს უბრძანა: წადი, ისეთი საჭმელი მომიტანე, რომ დედამიწაზე მასზე უტკბესი არაფერი იყოსო. წავიდა ვეზირი, ენა უყიდა, მოუტანა, შეუწვა და აჭამა. მეფეს მოეწონა. ცოტა ხანში მეფემ ისევ იხმო ვეზირი და უბრძანა: წადი, ისეთი რამ მომიტანე, ქვეყანაზე მასზე უმწარესი არაფერი იშოვებოდესო! წავიდა ვეზირი, ისევ ენა უყიდა და მოუტანა. მეფემ ვეზირს მიმართა: მწარე ვისურვე, ენა მომიტანე და ტკბილი ვითხოვე და ენა მომიტანეო?! ვეზირმა მიუგო: ენაზე

მწარე და ენაზე ტკბილი ამქვეყნად არაფერიაო.

სულხან-საბა ორბელიანი "უტკბესი და უმწარესი"

단어사전 **ლექსიკონი.**

ბევრი 많은	მშვენიერი 아름다운
კარგი 좋은	კარგი 좋은
ცოტა 적은	უტკბესი 가장 단
ცუდი 나쁜	მოწონება 좋아하는 것
ჩუმი 조용한	ცუდი 나쁜
საჭმელი 음식	წითელი 빨간색의
ენა 혀, 언어	ლურჯი 파란
ტკბილი 달콤한	ნელი 느린
წმინდა, სუფთა 깨끗한	მეფე 왕
ახალი 새로운	უმწარესი 제일 쓴

<table>
<tr><td>제6강</td><td>부사   ზმნიზედა</td></tr>
</table>

부사는 형용사에서 파생한다. 명사의 부사격 표지와 동일한 -ად를 형용사에 붙여 나타낸다. 부사는 술어의 역할을 할 수 있다.

형용사		부사	
კარგი	좋은	კარგ-ად	좋게, 좋다
ლამაზი	아름다운	ლამაზ-ად	아름답게, 아름답다
ჩქარი	빠른	ჩქარ-ა	빠르게, 빠르다
ნელი	느린	ნელ-ა	느리게, 느리다

여격, 도구격 표지를 사용하는 부사도 존재한다. 동사 행위의 형태, 시간, 장소, 이유, 목적을 나타낸다. 대부분의 부사가 형용사에서 파생하나 형용사에서 파생하지 않은 부사도 존재 한다. 부사는 서술어로도 사용된다. 부사는 형용사에서 파생하나, 후치사는 명사+후치사의 차이를 갖는다.

1 장소를 나타내는 부사

სად? 어디에? საიდან? 어디에서? საითკენ? 어디로?

ამ ადგილას	여기에
ახლოს	근처에
გარეთ	바깥쪽에

58 기초 조지아어 문법

ზევით	위에, 위쪽으로
ზემოთ	위에
მარცხნივ	왼쪽에, 왼쪽으로
მარჯვნივ	오른쪽에, 오른쪽으로
სხვაგან	다른 곳에서
უკან	뒤에, 뒤쪽으로
ქვევით	아래에 있는
ქვეშ	아래에
ყველგან	어디에나
შიგ	안쪽에
შინ	집에, (건물)안에
შორს	멀리
წინ	전에

2 시간을 나타내는 부사

როდის? 언제? როდემდე? 언제까지?
როდიდან? 언제부터? რა დროიდან? 어느 시점부터?

ადრე	일찍
ამაღამ	오늘밤
ამჟამად	지금
ამ წუთას	이 시간
აქამდე	지금까지
ახლა	지금
გაისად	내년

გვიან	늦게
გუშინ	어제
დღე და ღამე	낮과 밤
დღეს	오늘
ზეგ	내일 모레
ისევ	다시
მაზეგ	3일 뒤에
მალე	곧
მანამდე	그때까지
მაშინ	그때
მუდამ	항상
საღამოს	저녁에
უკვე	이미
ღამით	밤에
ყოველთვის	항상
შარშან	작년
შარშანწინ	2년 전에
წელს	이번 년도에
ჯერ	아직
ჯერ კიდევ	아직까지, 여전히

3 관계 부사

아래의 표와 같이 -(ა)ც를 형용사에 붙여 나타낸다.

რამდენად-აც	~하는 한
რამდენჯერ-აც	~하는 만큼
რატომ-აც	~한 이유로
რისთვის-აც	어떤 이유로
როგორ-ც	~처럼
როდემდე-ც	~할 때까지
სადაც	~(장소)에
როდესაც	~(언제)에
საითკენაც	~향해

4 부정 Indefinite 부사

부정 부사는 의문 부사에 -მე 또는 -ღაც를 붙여 형성한다.

불특정		특정	
რამდენიმეჯერ	몇 번	—	—
როგორმე	어떻게든지	რატომღაც	어떠한 이유로든지
როდისმე	아무때나	როგორღაც	어떻게든지
სადმე	아무데나	ოდესღაც	한번, 어느날
საიდანმე	어디로부터든지	საიდანღაც	어디로부터든지
საითმე	어디든지	სადღაც	어디든지

(ოდესღაც '한번'은 불규칙 변화)

5 양태 부사

대부분 형용사에서 부사격으로 구성되나, 예외적인 양태 부사도 존재한다.

ალბათ	아마도
თავდაყირა	(위아래가 바뀌어)거꾸로
მაშ	그런 경우에는
მთლად	전적으로, 완전히
პირდაპირ	직접, 바로, 곧장
პირიქით	그와는 반대로
სულ	완전히
სწორედ	바로, 정확히, 신중하게
უკუღმა	(안팎)반대로, 거꾸로
ძალიან	매우
ძლივს	어렵게

6 부사의 비교급

부사에서도 형용사와 마찬가지로 비교급을 갖는다. მეტად, უფრო 더, უკეთესად 더 좋음, ნაკლებად 덜, უარესად 더 나쁨, მეტად 매우, მეტისმეტად 더, უაღრესად 더(추상 의미 비교), ფრიად 더욱(행동에 관한)을 활용하여 최상급의 형태를 만들 수 있다.

- A უფრო ჩქარა მოძრაობს ვიდრე B.
  = A B-ზე (უფრო) ჩქარა მოძრაობს.
  A는 B보다 빠르다

• A ყველაზე ჩქარა მოძრაობს.
= A უჩქარესად მოძრაობს.
A가 가장 빠르다.

연습문제 장소, 시간, 상황, 이유, 목적을 나타내는 부사를 찾아 표시하시오.

① წინ იარე!
② ქუთაისიდან თბილისამდე გზას სამი საათი სჭირდება.
③ შარშან, ზაფხულში, შავ ზღვაზე ვიყავი.
④ გვიან, ღამით, ძაღლმა ყეფა დაიწყო.
⑤ საღამომდე განუწყვეტლივ თოვდა.
⑥ ანას ძალიან უყვარს ხატვა.
⑦ გოგონამ შიშისაგან ტირილი დაიწყო.
⑧ სიცივისგან თითები გამეყინა.
⑨ გიორგი ფეხბურთის სათამაშოდ წავიდა.
⑩ ბავშვები სამეცადინოდ მაგიდას მიუსხდნენ.

text **ტექსტი.** 부사에 유의하여 다음의 텍스트를 읽어보시오.

დღეს შაბათია. შუადღეს მეგობრებთან ერთად კინოთეატრში ფილმს ვუყურე. ფილმის დასრულების შემდეგ, სწრაფად გამოვედით გარეთ და სახლში წავედით. წვიმიანი ამინდი იყო და სანამ სახლში შევიდოდი, კარის წინ დაგებულ ნოხზე კარგად გავიწმინდე ფეხები. სასწრაფოდ ზევით, ჩემს ოთახში, ავირბინე. საკმაოდ დაღლილი ვიყავი და მეძინებოდა. საწოლზე წამოვწექი და დავიძინე. როცა გავიღვიძე დედაჩემის გაკეთებული სადილი გემრიელად მივირთვი.

단어사전 ლექსიკონი.

შუადღე 오후	წვიმიანი ამინდი 비 오는 날씨
სწრაფად 빠르게, 서둘러	ნოხი 러그(매트)
დაგებული 깔려 있는	გაწმენდა 닦다
კარგად (부사)잘	სასწრაფოდ 급하게, 급히
ფეხი 다리	საკმაოდ 상당히, 꽤
ზევით 위로	დაძინება 잠자다(vn)
დაღლილი 피곤한	გაღვიძება 잠에서 깨다, 일어나다(vn)
დასრულება 끝나다(vn)	გემრიელად მირთმევა 맛있게 먹다

제7강 **후치사와 접속사** თანდებული, კავშირი

명사의 후치사는 사물의 상태, 방향 등을 나타낸다. 후치사는 특정격의 지배를 받는다. 대부분 하나의 격의 지배를 받으나, 후치사 -ვით 및 —გან의 경우 2 가지 격의 지배를 받는다. 접속사는 문장을 연결하는 역할을 한다.

1 후치사

1.1 주격 후치사 -ვით

- ბავშვი-**ვით** 아이처럼

1.2 여격 후치사 -ვით, -თან, -ზე, -ში 이 있다. 사는 장소, 위치를 의미하는 ~위에, ~옆에, ~장소에를 나타내며, -ზე와 -ში는 장소 뿐만 아니라 시간도 표현한다.

- სახლ-**თან** 집 근처에
- მაგიდა-**ზე** 책상에
- 2 საათ-**ზე** 2시에
- სკოლა-**ში** 학교에
- 1 წუთ-**ში** 1분 안에
- მამის **შესახებ** 아버지에 대해
- წიგნის **შესახებ** 책에 대해
- სკოლასა **და** სახლს შორის 학교와 집 사이에

1.3 속격 후치사로 -თვის, -გან, -კენ, -ებრ, -თანავე, -გამო, -მიერ 등 다양한 후치사가 존재한다. 속격 후치사는 행위 대상 목적, 방향, 출발지, 목적지, 시점, 재료, 도달, 원인, 시간의 의미를 갖는다.

- დედის-**თვის** 어머니를 위해(행위 대상 목적)
- მამის-**თვის** 아버지를 위해(행위 대상 목적)
- მასწავლებლის **მიერ** 선생님의 의해 (행위 근거)
- ჩემ **მიერ** 나에 의해 (행위 근거)
- ოქროს-**გან** 금으로 만든(재료)
- სახლის-**კენ** 집 방향으로(방향)
- შენ-**გან** 너에게서부터(시점)
- სიცხის **გამო** 더위 때문에(원인)
- მის **მიმართ** 그를 향해(태도)
- ჩემ **გარდა** 나를 제외하고(제외 대상)

1.4 도구격 후치사로 -ურთ, -გან (-ით-გან → -იდან)가 출신, 시점 등을 나타낸다.

- სეულ-**იდან** 서울에서 가져온
- ორშაბათ-**იდან** 월요일부터

1.5 부사격 후치사 -მდე (-მდის)는 장소와 시간의 ~까지의 의미를 나타낼 때 사용한다.

- პარკა-**მდე** 공원까지
- ზაფხულა-**მდე** 여름까지

2 접속사

2.1 და 그리고

- ანამ პალტო ჩაიცვა **და** პარკში წავიდა.
  아나가 코트를 입고 그리고 공원에 갔다.

- დავალება დავწერე **და** სკოლაში წავედი.
  (나는) 과제를 쓰고 그리고 학교에 갔다.

2.2 თუ 또는, 아니면

- ჩაი გნებავთ **თუ** ყავა?
  차 또는 커피를 드시겠어요?

- ეს კალამი ანასია **თუ** გიორგის?
  이 펜은 아나의 것인가요, 아니면 기오르기의 것인가요?

2.3 მაგრამ 하지만

- გარეთ წვიმს, **მაგრამ** თბილა.
  밖에는 비가 내리고 있지만 따뜻하다.

- მე ინგლისში მინდა წავიდე, **მაგრამ** ინგლისური არ ვიცი.
  나는 영국에 가고 싶지만 영어를 하지 못한다.

2.4 კი ~는 ~는

- ანა სახლში არის, გიორგი **კი** კინოთეატრშია.
  아나는 집에 있고 기오르기는 영화관에 있다.

- დედა ვახშამს ამზადებს, ბებო **კი** სახლს ალაგებს.
  어머니는 저녁 식사를 준비하고 할머니는 집을 청소하신다.

2.5 რომ 그래서

- დიდი მადლობა, **რომ** ჩვენთან მობრძანდით.
  저희를 찾아주셔서 (그래서) 대단히 감사합니다.

- გიორგი ფიქრობს, **რომ** ეს მაგიდა კაბინეტისთვის ძალიან
  დიდია.
  기오르기는 이 테이블이 캐비닛에 사용하기에는 너무 크다고 생각
  한다.

2.6 ხან...ხან 때때로, 이따금

- **ხან** ქარი ქრის, **ხან** წვიმს.
  때로는 비가 내리고 때로는 바람이 분다.

- **ხან** სკაიპით ველაპარაკები მეგობარს, **ხან** ფეისბუქის
  საშუალებით.
  가끔은 스카이프로 친구와 대화할 때도 있고, 가끔은 페이스북으로
  대화할 때도 있다.

2.7 არც...არც 도 ~도 아닌(neither)

- გიორგი **არც** მეტროთი წავიდა და **არც** ავტობუსით, ფეხით წავიდა.
  기오르기는 지하철도 버스도 타지 않고 걸어갔다.

- ანა **არც** ცეკვავს და **არც** მღერის.
  아나는 춤도 노래도 하지 않는다.

2.8 იმიტომ, რომ 왜냐하면 , 때문에

- ვერ წავალ ზღვაზე **იმიტომ, რომ** შვებულება არ მაქვს.
  휴가가 없기 때문에 바다에 가지 못한다.

- ოთახში თბილა **იმიტომ, რომ** ბუხარი ანთია.
  벽난로가 켜져 있기 때문에 방이 따뜻하다.

연습문제 **სავარჯიშო.** 보기 중 알맞은 후치사를 골라 넣으시오.

보기 ში, ზე, თან, დან, მდე, თვის.

① მაგიდა___ ლარნაკი დგას.

② ჯამი___ ფაფაა.

③ წყალბურთელი წყალ___ თამაშობს ბურთს.

④ ჭიქა___ ქოლოს წვენია.

⑤ ბიჭი ცხენ___ ზის.

⑥ შესვენება მაქვს პირველი___ საათი ორ საათი___.

⑦ სეული___ ბუსანი___ დაახლოებით 5 საათი სჭირდება.

⑧ ივნისი___ სექტემბერი___ არდადეგებია.

⑨ ჩემი სახლი___ სკოლა___ შორია.

⑩ დედა კორეა___ იქნება იანვარი___ თებერვალი___.

연습문제 보기 중 알맞은 접속사를 넣고 해석하시오.

보기 და, თუ, მაგრამ, კი, რომ, ხან, არც, იმიტომ რომ

① მე ... ანა მეგობრები ვართ.

② სკამი ... მაგიდა ოთახშია.

③ ყავა გიყვართ ... ჩაი?

④ წითელი ფერი გიყვართ ... ყვითელი?

⑤ გარეთ თოვს, ... არ ცივა.

⑥ ბევრი ვიმეცადინე, ... გამოცდა ვერ ჩავაბარე.

⑦ დედა სახლში არის, მამა ... სამსახურშია.

⑧ მე გაკვეთილებს ვამზადებ, ჩემი და ... თამაშობს.

⑨ მე ვფიქრობ, ... ქართული რთული ენაა.

⑩ მასწავლებელი ამბობს, ... ახალი მოსწავლე გადმოვა.

⑪ ინსტიტუტში ... მეტროთი მივდივარ, ... ავტობუსით.

⑫ ზამთარში ... თოვს, ... წვიმს.

text **ტექსტი.** 후치사에 유의하여 다음의 대화를 읽어보시오.

- ტანსაცმელის მაღაზიაში მიდიხარ?

- კი, ტანსაცმელი უნდა ვიყიდო.

- რის ყიდვას აპირებ?

- ახალი შარვალი და ფეხსაცმელი მინდა ვიყიდო ჩემთვის.

- შენთან ერთად წამოვალ.

- ეს შარვალი მიხდება? მე მიყვარს ეს ფერი.

- დიახ, ეს შარვალი ნამდვილად გიხდება, შენზეა
  ზედგამოჭრილი.
- ამას ვიყიდი. წვეულებაზე ჩავიცვამ. ოჰ! ჩემი საკრედიტო
  ბარათი ვერ ვიპოვე.
- ჯიბეში არ გიდევს? კარგად შეამოწმე.
- არ მაქვს.
- ალბათ ჯიბიდან ამოგივარდა.
- ვიპოვე, ჩემს ჩანთაში ყოფილა.
- მადლობა ღმერთს!

단어사전 ლექსიკონი.

წუთი 분(分)	პალტო 코트
პარკი 공원	დაძინება 잠자다(vn)
ეზო 마당	ინგლისი 영국
ინგლისური 영어	დალაგება 정리하다(vn)
მოსვლა, მობრძანება 오다	მეტრო 지하철
ავტობუსი 버스	წითელი 빨간색
ყვითელი 노란색	მეცადინეობა 공부하다(vn)
გამოცდა 시험	დაგვიანება 늦은
გაფუჭება 고장나다	ტანსაცმელი 옷
მაღაზია 가게	შარვალი 바지
ფეხსაცმელი 신발	ყიდვა 사는 것

제8강 수사 რიცხვითი სახელი

수사는 기수사, 서수사, 분수, 집합 수사, 불특정 수사 등으로 나뉜다.[1]

1 기수사

단순수		복합수	
ერთი	1	თერთმეტი	10+1=11
ორი	2	თორმეტი	10+2=12
სამი	3	ცამეტი	10+3=13
ოთხი	4	თოთხმეტი	10+4=14
ხუთი	5	თხუთმეტი	10+5=15
ექვსი	6	თექვსმეტი	10+6=16
შვიდი	7	ჩვიდმეტი	10+7=17
რვა	8	თვრამეტი	10+8=18
ცხრა	9	ცხრამეტი	10+9=19
ათი	10		
ოცი	20		
ასი	100		

1 수사에 관련된 의문사로는 რამდენი?(얼마나), მერამდენე?(몇 번째의), რიგით რომელი?(몇 번째 순서로), მერამდენედი?(몇 분의)가 있다.

11-19까지의 숫자는 თ- — -მეტ를 붙여 나타낸다. 20-99까지는 20을 기준으로 하여 수사를 나타낸다.

- 24 = 20+4 ოც-და-ოთხი
- 33 = 20+13 ოც-და-ცამეტი
- 43 = 2×20+3 ორმ-ოც-და-სამი(2-20-and-3)
- 56 = 2×20+16 ორმ-ოც-და-თექვსმეტი(2-20-and-16)
- 60 = 3×20 სამ-ოცი
- 88 = 4×20+8 ოთხმ-ოც-და-რვა(4-20-and-8)
- 2675 = (2×(10×100))+ (6×100) + (3×20) + (10+5)
  ორი ათას ექვსას სამოცდათხუთმეტი

1000, 10000, 100000은 10을 기준으로 곱셈한다.

- 100 ასი
- 1000(10×100) ათ-ასი
- 10000(10×1000) ათი ათასი
- 100000(100×1000) ასი ათასი

수사와 명사가 함께 쓰일 때, 명사는 단수 주격 형태로 쓰인다.

- ათი ვაშლი(수 먼저 이후 명사) 사과 10개
- თორმეტი რვეული 공책 12권
- თხუთმეტი მერხი 책상 15개
- ოცი ფანქარი 연필 20자루
- ოცდახუთი ბავშვი 어린이 25명

추상 명사 및 밀가루(ფქვილი), 설탕(შაქარი), 소금(მარილი), 모래(სილა) 공기(ჰაერი), 재(ნაცარი)와 같은 명사는 셀 수 없는 명사로 분류된다.

2 서수사

기수사에 მე — ე를 붙여 형성된다. 복합 수사의 경우 마지막 자릿수에 서
수사 표지가 붙는다.

	기수사	서수사
1	ერთი	პირველი
2	ორი	მე-ორ-ე
3	სამი	მე-სამ-ე
4	ოთხი	მე-ოთხ-ე
5	ხუთი	მე-ხუთ-ე
6	ექვსი	მე-ექვს-ე
7	შვიდი	მე-შვიდ-ე
8	რვა	მე-რვ-ე
9	ცხრა	მე-ცხრ-ე
10	ათი	მე-ათ-ე

- 25번째의 = ოც-და-მე-ხუთ-ე
- 50번째의 = ორმოც-და-მე-ათ-ე (2×20 and +10)
- 67번째의 = სამოც-და-მე-შვიდ-ე (3×20 and +7)
- 85번째의 = ოთხმოც-და-მე-ხუთ-ე (4×20 and +5)

3 분수

분수는 서수사에서 부사격 표지를 추가하여 형성한다.

- მე-ორე-დ → მეორედ-ი, 두 번째로 > 1/2
- მესამე-დ → მესამედ-ი, 세 번째로 > 1/3
- მეათე-დ → მეათედ-ი, 열 번째로 > 1/10
- მეასე-დ → მეასედ-ი, 백 번째로 > 1/100

მეორედი(1/2)대신 ნახევარი(반)으로 말하기도 한다.

연습문제 **სავარჯიშო.** 숫자를 빈칸에 알맞게 넣으시오.

მე (16).... წლის ვარ. მე მყავს (2).... ძმა და (3).... და. დედაჩემი (42) ... წლისაა. მამაჩემი (44) ... წლის არის. ჩემი ძაღლი (5) ... წლისაა. ჩემი დიშვილი (2008)... წელს დაიბადა. (10) ... დღის შემდეგ კორეაში მივდივარ. მეგობართან შეხვედრა (7) ... საათზე მაქვს. (30) ... წუთის შემდეგ გაკვეთილი დაიწყება.

text **ტექსტი.** 수사에 유의하여 다음의 텍스트를 읽어보시오.

გელოდები, ვფიქრობ, შევძლებ ლოდინს. - როდემდე?
არ ვიცი, ერთი დღე, ორი კვირა, ბევრი თვე, და მრავალი წელი.
შეძლებ? - კი, ალბათ.
მესამე წელია ვერ გხედავ, ცოტაა? - არც ისე ბევრია.

სიცოცხლეს დავთმობდი ოღონდ შენთან დარჩენის უფლება მქონოდა.
კარგი იქნებოდა.
მხოლოდ წელიწად-ნახევრის შემდეგ შევძლებ შენთან შეხვედრას.
კარგია, დაგელოდები.

단어사전 **ლექსიკონი.**

ვაშლი 사과	რვეული 공책
მერხი 책상	დიშვილი 조카
შემდეგ 다음에	ლოდინი 기다리다(vn)
თვე 월	დარჩენა 머무르다(vn)
უფლება 권리	

제9강

동사의 어근과 인칭 표지
ზნის ძირი, პირის ნიშანი

조지아어의 동사는 한국인에게 익숙한 인도·유럽어와 비교하였을 때 다소 복잡한 성격을 갖는다. 다양한 표지를 통해 시제, 상, 법, 버전, 테마, 주어, 목적어 등으로 주체와 객체의 행동과 상태를 나타낸다. 동사의 형태소는 각각 문법적 의미를 갖는다. 동사의 특징은 다음과 같다.

1 동작명사

동사는 명사에서 파생하며 행동을 나타내는 동작명사가 존재한다. 동작명사는 일반적으로 동사의 원형으로 사용된다. '무엇을 하는가? – ~을 준비하다.' 라는 동사의 예시를 보면, 명사 'მზად(준비)'에 '~하는' 뜻의 접사 -ება를 붙이면 동작명사 어휘 '준비하는 것(to prepare)'이 된다. 접사를 붙이지 않고 명사 어휘 자체가 동사의 어근이 되기도 하지만, 대부분 동작명사를 동사의 원형으로 사용한다. 동사의 뜻을 알고자 하여 사전을 찾을 경우, 먼저 동사의 원형의 역할을 하는 명사형 어근을 사전에서 찾고, 접두어, 주어, 목적어 등의 표지 등이 동사를 수식하고 있는가 살펴보아야 한다.[1]

---

1 【일러두기】동작명사가 동사원형인 조지아어 동사의 특성은 다른 인도·유럽어와 비교하였을 때 보편적인 현상으로 보기 어렵다. 각 과의 텍스트에 동사 단어가 원형(동작명사)로 제시되어 있을 경우, 이를 '~하는 것'으로 뜻을 표기하지 않고 일반적으로 동사의 뜻을 나타내는 '~하다'의 형태로 표기하며 'vn(verbal-noun)'을 함께 표기한다.

동작명사	동사
• ცხოვრება (삶, 사는 것)	- ცხოვრობს 살다
• ხედვა (보는 것)	- ხედავს 보다
• მუშაობა (일하는 것)	- მუშაობს 일하다
• კეთება (만드는 것, 하는 것)	- აკეთებს 하다, 만들다
• კითხვა (읽기, 독서)	- კითხულობს 읽다

1.1 동사의 어근(동작명사)과 활용 예시문

• წაღება 가져가는 것
დედამ ქოლგა წაიღო.
엄마가 우산을 가지고 가셨다.

• მიცემა 주는 것
მეგობარს საჩუქარი მივეცი.
친구에게 선물을 주었다.

• გაბრაზება 화나게 하는 것, 분노
ჩემს თავზე ვბრაზდები.
나 자신에게 화가 난다.

• ფიქრი 생각, 생각하는 것
შენზე ვფიქრობ.
나는 당신에 대해 생각하고 있다.

• დაწყება 시작하는 것
ანა სკოლაში მუშაობას დაიწყებს.
아나는 학교에서 일을 시작할 것이다.

- სიყვარული 사랑, 사랑하는 것

  მე შენ მიყვარხარ.

  나는 너를 사랑한다.

- ჯდომა 앉는 것

  მთელი დღე კომპიუტერთან ვზივარ.

  (나는) 하루 종일 컴퓨터 앞에 앉아 있다.

- ჭამა 먹는 것

  მიყვარს ქართული საჭმლის ჭამა.

  (나는) 조지아 음식을 먹는 것을 좋아한다.

- ნახვა, ხილვა 보는 것

  მონა ლიზას ნახატის ხილვა(혹은 ნახვა) ჩემი ოცნებაა.

  모나리자의 그림을 보는 것이 나의 꿈이다.

2 인칭과 행위자

2.1 인칭 표지

2.1.1 주어 표지

동사에는 주어의 정보, 간접 목적어 및 직접 목적어의 정보를 모두 담고 있
다. 주어와 목적어는 단수, 복수로 나뉘어 표기된다. 주어 표지를 V(ვ)표지,
목적어 표지를 M(მ)표지라고 한다. 주어 표지의 경우 1인칭 단수를 ვ-를 붙
여 나타내는데, 명사의 어간이 ვ로 시작하는 동사의 경우 1인칭 주어 표지
를 이중으로 쓴다. (예시: ვვარაუდობ) 2인칭 주어 표지가 -ხ로 나타나는 경
우는 아주 드물고, 대부분의 경우 인칭 표지가 붙지 않는다.

주어 표지	단수		복수	
	1	ვ-	1	ვ- — -თ
	2	— , (-ხ)	2	— -თ
	3	-ს, -ა, -ო	3	-ნ, -ენ, -ან, -ნენ, -ეს

· მზადება 준비하는 것

მე ვ-ამზადებ 내가 준비하다
შენ ამზადებ 너가 준비하다
ის ამზადებ-ს 그가 준비하다
ჩვენ ვ-ამზადებ-თ 우리가 준비하다
თქვენ ამზადებ-თ 너희가 준비하다
ისინი ამზადებ-ენ 그들이 준비하다

동사에서 목적어를 나타내는 것은 다음과 같다.

· წერა 쓰는 것

1sg. → 2sg. გ-წერ 나는 너에게 쓰다
1sg. → 3sg. ვ-წერ 나는 그에게 쓰다
2sg. → 1sg. მ-წერ 너가 나에게 쓰다
3sg. → 1sg. მ-წერ-ს 그가 나에게 쓰다
3pl. → 1sg. მ-წერ-ენ 그들이 나에게 쓰다
3pl. → 1pl. გვ-წერ-ენ 그들이 우리에게 쓰다
1sg. → 2pl. გ-წერ-თ 내가 당신에게 쓰다

동사의 시제가 바뀌어도 주어의 표지는 동일하다.

· ყიდვა 사는 것

1sg. PRT. ვ-ყიდულობ
1sg. PST. ვ-იყიდე

1sg. FUT. ვ-იყიდი

1pl. PRT. ვ-ყიდულობ-თ

1pl. PST. ვ-იყიდე-თ

1pl. FUT. ვ-იყიდი-თ

- მოსაზრება 생각하는 것

3sg. PRT. ფიქრობ-ს

3sg. PST. იფიქრ-ა

3sg. FUT. იფიქრებ-ს

3pl. PRT. ფიქრობ-ენ

3pl. PST. იფიქრ-ეს

3pl. FUT. იფიქრებ-ენ

주어 표지를 사용하지 않는 경우

① 특정 인칭을 표현하지 않는 문장

② 1인칭 주어와 2인칭 목적어가 있는 경우 (მე შენ გ-ხატავ 나는 너를 그린다.)

③ 2인칭과 3인칭의 주어와 목적어가 결합할 경우 (ის თქვენ გ-იზი-თ 그는 (너의 무릎에) 앉는다.)

2.1.2 목적어 표지

직접 목적어와 간접 목적어를 나타내는 표지는 다음과 같다.

단수		복수	
1	მ-	1	გვ-
2	გ-	2	გ- — -თ
3	간접 ჰ-, ს-	3	간접 ჰ-, ს- -(თ)
	직접 ø		직접 ø

- მო-გვ-გვარა.[2] 그가 그것을 우리에게 가지고왔다.
- გ-გზავნის. 그가 너를 보낸다.
- ჰ-კითხ-ა. 그가 그에게 그것에 대해 물었다.

- ის ა-ს-წევ-ს ტვირთს
  (S^3) (O^3i) (S^3) (O^3d)[3]
  he/she carrying burden

2.1.3 주어와 목적어가 도치되는 경우

- მე ვ-წერ წერილ-ს
  (S^1) (O^3d)
  I write a letter

- მე და-მ-იწერ-ი-ა წერილ-ი
  (S^1) (O^1) (S^3) (O^3d)
  I have written a letter

3 항가[4]

동사 구조에서 동작에 해당 되는 모든 인칭 구성의 수를 나타내어 동작의 행위자, 행위 대상자, 행위를 하게 하는 사동자의 논항의 수와 유형의 정보를 전달한다. 인칭 표지는 주어, 목적어의 인칭을 나타내며, 행위를 실제로 하게 되는 행위자들의 정보 또한 항가 표지를 통해 동사의 상세 정보를 나타낸다. 즉, 조지아어 동사에서는 주어가 누구인지, 대상이 무엇인지, 수혜

---

2 이 동사의 경우 1. 누군가를(무엇인가를) 가지고 오다, 2. 감정을 불러일으키는 동작의 두 가지 뜻이 있다.

3 S^3 : 주어 3인칭 단수, O^3i : 간접 목적어 3인칭 단수, O^3d : 직접 목적어 3인칭 단수.

4 영어 명칭 valency

자가 누구인지 명확하게 나타낸다.

- ვ-წერ 1sg. 쓴다.
  გ-წერ 1sg. → 2sg. 쓴다.
  ვ-უ-წერ 1sg. → 3sg. 쓴다.

비교)

- ის(მოსწავლე-S^3) მას(დავალებას-O^3) წერ-ს.
  그는 그것을 쓴다.

- ის(S) მას(მეგობარს-i.O.[5]) მას(წერილს-d.O[6]) ს-წერ-ს.
  그가 그것을(편지를) 그에게(친구에게) 쓴다.

3.1 비인칭 동사[zeropersonal] - 한정 주어가 없는 동사

- წვიმ-ს 비가 온다
- თოვ-ს 눈이 온다

3.2 무가[zerovalent] - 동사의 행위자 표지가 존재하지 않는다.

- წვიმს 비가 온다
- თოვს 눈이 온다

5 i.O. 간접 목적어

6 d.O. 직접 목적어

3.3 단항가 monopersonal - 하나의 논항을 가지는 경우(자동사)

- ზი-ს 그는 앉아 있다
- წევ-ს 그는 누워 있다
- დგა-ს 그는 서 있다

3.4 이항가 bipersonal - 두 개의 논항을 가지는 경우(타동사)

- ვყიდულობ მე მას. 나는(S) 그것을(O) 산다.
- ვაკეთებ მე მას. 나는(S) 그것을(O) 한다.

3.5 삼항가 trivalent - 세 개의 논항을 가지는 경우(타동사)

- ს-წერ-ს ის მას მას.
  그는(S) 그것을(i.O) 그에게(d.O) 쓴다.

- ს-თხოვ-ს ის მას მას.
  그는(S) 그것을(i.O) 그에게(d.O) 부탁하다.

3.6 사항가 quadrivalent - 네 개의 논항을 가지는 경우(타동사)

- მ-იჭმიე შენ მე მას ის.
  너는(S) 나를 위해(i.O^2) 그것을(d.O^1) 그에게(i.O^2) 먹이다.

- მ-ისმიე შენ მე მას ის.
  너는(S) 나를 위해(i.O^2) 그에게(d.O^1) 그것을(음료를)(d.O^2) 주다.

연습문제 **სავარჯიშო.** 다음 동사의 동작명사를 써보시오.

① 앉아 있다.
② 쓰다.
③ 좋아하다.
④ 먹다.
⑤ 보다.
⑥ 준비하다.

연습문제 **სავარჯიშო.** 다음 문장에서 주어와 목적어를 찾아보시오.

① მოსწავლე წიგნს კითხულობს.
② დედამ სადილი მოამზადა.
③ ანას დაბადების დღეზე საჩუქარს ვუყიდით.
④ ბავშვებმა ქვიშის სასახლე ააშენეს.
⑤ მეგობრები სახლში მესტუმრნენ.

text **ტექსტი.** 동사의 주어와 목적어, 항가에 유의하여 텍스트를 읽어보시오.

ხვალ ანას დაბადების დღეა. მეგობრები ფულს შევაგროვებთ და საჩუქარს ვუყიდით. ანას ყვავილები უყვარს, ასე რომ ვარდებს ვაჩუქებთ ხილთან ერთად. ჩვენმა კლასელმა გიორგიმ ანას პორტრეტი დახატა და სხვა საჩუქართან ერთად ამ ნახატსაც მივართმევთ.

단어사전 ლექსიკონი.

ხედვა, ნახვა, დანახვა, ხილვა, ყურება 보다(vn)

ცხოვრება 살다(vn)

მუშაობა 일하다(vn)

კითხვა 읽다(vn)

ქოლგა 우산

გაბრაზება 화나다(vn)

დაწყება 시작하다(vn)

სიყვარული 사랑하다(vn)

წვიმს 비가오다

ზის 앉아 있다(vn)

დგას 서있다(vn)

დაბადების დღე 생일

ყიდვა (물건을)사다(vn)

სტუმრობა 방문하다(vn)

ფული 돈

შეგროვება 모으다(vn)

პორტრეტი 초상화

კეთება 하다(vn)

წაღება 가져가다(vn)

საჩუქარი 선물

ფიქრი 생각, 사고

ჯდომა 앉다(vn)

ჭამა 먹다(vn)

თოვს 눈이 오다

წევს 누워있다(vn)

სადილი 식사

მომზადება, მზადება 준비하다(vn)

აშენება 짓다(vn)

ხვალ 내일

ყვავილი 꽃

ჩუქება 선물하다(vn)

მირთმევა 드리다(vn)

제10강

상/방향 어두와 원인-수혜 어두

ქცევა, მიმართულების ზმნისწინი(ზმნისწინი, ქცევა)

조지아어의 동사는 동사의 어근을 중심으로 하여 총 11개의 문법 성분을 나타낸다. 하나의 동사에 주어, 직접 목적어, 간접 목적어 정보를 모두 포함하고 있다. 버전(Version)은 행위의 주체자와 행위 대상자를 나타낸다. 시제와 서법은 조지아어 고유의 '스크리브' 시스템으로 나타난다.

-3	상/방향 어두[1]	preverb
-2	인칭 표지	S/O
-1	원인-수혜 어두[2]	version marker
0	어간	verb root
+1	수동 표지	passive infix
+2	사동 표지	causative marker
+3	주제 접미사	thematic suffix
+4	미완료 표지	Imperfective marker (stem augment)
+5	양태/ 인칭 표지	mood/suffixal person marker
+6	조동사	auxiliary verb
+7	복수 표지	Plural marker

1 동사 상/방향 어두는 영어로 preverb로 나타낼 수 있다. 접두사인 prefix로 명칭을 가질 수도 있지만, 조지아어 문법을 영어로 옮긴 대부분의 학자들은 preverb의 용어를 사용하여 prefix와 차이를 두고 있다. 단순한 파생 접두사와 구별되어 활용하므로, 보다 포관적인 의미를 담고 있어 이 문법서에서는 '동사의 어미'와 대칭되는 '어두'라는 표현의 사용을 시도하였다.

분석 예시 1) გა-ა-კეთ-ებ-ს (그는 할 것이다.)

① გა– 상/방향 어두
② ა – 원인-수혜 어두 (불특정)
③ -კეთ– 어근
④ -ებ– 주제 접미사
⑤ -ს –는 3인칭 단수 표지

분석 예시 2) ვ-ი-კეთებ (나는 나를 위해서 (어떤 행동을) 한다.)

① ვ - 주어 표지
② ი - 원인-수혜 어두 주체 목적 버전
③ კეთებ - 어근

분석 예시3) ვ-უ-შენებ (나는 그를 위해 짓고 있다.)

① ვ - 주어 표지
② უ - 원인-수혜 어두 목적 대상 버전
③ შენებ - 어근

1 상/방향 어두 preverbs

동사의 상/방향 어두는 인칭 표지 앞에 위치하며 동사의 특정한 의미를 더 해주거나 기존 동사에서 다른 의미의 동사로 파생되기도 한다. 동사 어두의 기능으로는 행동의 방향 또는 행위의 결과를 나타낸다. 행위의 결과는 현재 시제에서 쓰이지 않는다.

---

2 원인-수혜 어두는 조지아어로 ქცევა라고 하며, 영어로는 version으로 옮길 수 있다. version의 용어의 경우 문법서에서 그대로 version으로 사용하기도 하고, 학자에 따라, pre-radical vowel로 옮겨 사용하는 예도 있다. 이 형태소의 기능으로는 동사의 어간 앞에 붙는 모음으로 동사의 행위가 진행되게 하는 주체자가 따로 있는 것을 명시함으로 행위를 통해 수혜를 받는 대상을 나타낸다.(예시 - for him) 일종의 수혜태라고도 볼 수 있다. 그러나 조지아어 에서 이 현상을 태의 분류로 하지 않기 때문에 이 문법서에서는 어두 부분으로 나누고 한국어 명칭으로 '원인-수혜 어두'로 풀어 설명할 수 있다.

1.1 방향을 나타내는 어두

방향을 나타내는 어두는 움직임이 화자나 청자로부터 출발하는 것과 화자나 청자에게 도달하는 것으로 나눈다.

행동의 움직임이 화자나 청자로부터 출발 하는 경우

- ა(ღ)-(up, upwards), გა(ნ)-(Out), გა(რ)და-(Over, across)
  მაღლა ა-ვიდა.(3sg.) 위에 올라가다.
  სახლიდან გა-მოვიდა.(3sg.) 집에서 나왔다.
  ქუჩაზე გადა-ვიდა.(3sg.) 거리를 건너가다.

- და-(To and from, about, around), მი-(there), შე-(in)
  მაღაზიაში შე-ვდივარ.(1sg.) 가게에 들어가다.
  პარკში მი-ვდივარ სასეირნოდ.(1sg.) 공원에 산책하러 간다.
  აქეთ-იქით დავდივარ.(1sg.) 여기저기 돌아 다닌다.

- ჩა-(down, downwards), წა(რ)-(away, off)
  დაბლა ჩა-ვიდა.(3sg.) 아래 내려갔다.
  სკოლაში წა-ვიდა.(3sg.) 학교에 갔다.
  მეგობრებთან ერთად წა-ვიდა.(3sg.) 친구들과 같이 갔다.

행동의 움직임이 화자나 청자에게 도달하는 경우

- ა(ღ)-მო (up, upwards), გამო-(out), გა(რ)დმო-(over, across)
  ბიჭი მეორე სართულზე ამო-ვიდა.(3sg.)
  소년이 2층으로 올라왔다.
  ის გარეთ გამო-ვიდა.(3sg.) 그가 밖으로 나왔다.
  მაღლიდან გადმო-ხტა.(3sg.) 위에서 뛰었다.

- მო-(here), შემო-(in)

სტუმარი მო-ვიდა.(3sg.) 손님이 왔다.

დედა საძინებელ ოთახში შემო-ვიდა.(3sg.)

엄마가 침실에 들어왔다.

მო-დი აქ! 이 리 와!

- ჩამო-(down, downwards), წა(რ)მო-(away, off)[3]

მეგობარი ამერიკიდან ჩამო-ვიდა.(3sg.)

친구가 미국에서 왔다.

ცრემლები წამო-მცვივდა.(3pl.) 눈물이 흘러내리다.

1.2 새롭게 파생되는 경우

ამო-, გა-, გადა-, წამო-, ჩა-, ჩამო- 등의 다양한 어두를 통해 동사가 새로운 의미로 파생된다. 특별한 규칙 없이 동사마다 사용되는 어두가 다르므로, 각 어두마다 숙지해야 한다.

2 원인-수혜 어두(Version)[4]

조지아어 동사는 하나의 동사에 다양한 표지를 통해 주어, 직접 목적어, 간접 목적어를 나타낸다. 주어 → 목적어, 목적어 ↔ 목적어의 행동의 방향성과 관계를 나타낸다. 바로 이 기능을 가진 형태소는 원인-수혜 어두이다. 원인-수혜 어두는 동사의 행위가 누구를 위해서 일어났는지에 대한 정보를 서술할 때 사용하는 문법정보로써 동사의 어간으로 예측할 수 없는 어휘의

---

3   ჩამო는 '위에서 아래로 내려오다' 라는 의미, ჩამო-ვიდა는 '멀리서(올 때)', '해외, 시골 등' 현재 장소에서 멀리 떨어진 곳을 나타낼 때 사용함.

4   원인-수혜 어두는 크게 세 가지로 나뉘는데 이를 2.1, 2.2, 2.3 에서 설명하고 있다. 2.1, 2.2, 2.3 의 제목 명칭의 간소화를 위해 조지아식 명칭을 영어로 옮긴 '버전'을 한국어로 발음나는대로 사용하였다.

의미, 원인, 수동태, 주체를 위한 행위, 피동, 사동의 다양한 의미를 갖는다. 동사의 어근 바로 앞에 위치하며 'ო'를 제외한 모음 ა-, ე-, ი-, უ-로 구성된다. 모음별 의미상 차이가 존재한다. 상/방향 어두 ა-와는 다른 형태소이다. 원인-수혜 어두를 사용하는 문장은 총 3가지로 행위의 결과가 영향을 미치는 대상이 아예 드러나지 않는 문장, 행위의 결과가 주어에게 영향을 미치는 문장, 행위가 목적어에게 영향을 미치는 것으로 나뉜다.

2.1 불특정 대상 버전

2.1.1 표지가 있는 경우

중립 적인 버전은 행위의 결과가 누구를 대상으로 하는지 나타내지 않는 형태이다. ა-의 접사 표지를 갖거나 표지를 갖지 않는 경우도 존재한다.

- 동사 : შენება (vn)

  ვ-ა-შენებ. 나는 짓는다.

위의 문장의 경우 현재 주어 '나' 는 집을 짓고 있지만, 누구의 집을 짓는 것인지 혹은 누구를 위해 집을 짓고 있는 것인지에 대한 정보가 없다. 주체 목적 버전, 객체 목적 버전과 비교하면 다음과 같다.

- 주체 목적 버전

  ვ-ი-შენებ. 나는 나 스스로를 위해 짓는다.

- 객체 목적 버전

  ვ-უ-შენებ. 나는 그를 위해 짓는다.

2.1.2 표지가 없는 경우

- 쓰다

1sg. ვ-წერ (직, 간접 목적어 ×)
2sg. წერ
3sg. წერ-ს

- 먹다

1sg. ვ-ჭამ
2sg. ჭამ
3sg. ჭამ-ს

- 자르다

1sg. ვ-ჭრ-ი
2sg. ჭრ-ი
3sg. ჭრ-ი-ს

2.2 주체 대상 버전

주체 목적 버전의 경우 타동사의 경우에만 나타난다. 표지는 원인-수혜 어두 ა-를 갖는다. 직접 목적어가 없는 동사의 경우에도 주어 스스로를 위한 행위가 된다.

- პირს ი-ბანს. 그가 얼굴을 씻는다. (신체 부위)
- თმა და-ი-ვარცხნა. 그가 머리를 빗었다.
- ვ-ი-შენებ. 나는 나를 위해서 짓는다.

'돈을 빌리다 (ი-სესხა)', '빵을 (의역: 사달라고) 부탁하다 (პური ი-თხოვა)', '이름을 물어보다 (სახელი ი-კითხა)' 등의 동사는 직접 목적어가 주어를 대상으로 하는 행위이다.

2.3 목적 대상 버전

목적어 대상의 어두는 3항가의 타동사에서 사용되며, 표지는 -ი, -უ이다. 간접 목적어의 1인칭과 2인칭은 -ი로 표기하고, 간접 목적어가 3인칭인 경우에는 -უ로 표기한다.

- 간접 목적어가 1인칭인 경우
  მ-ი-შენებ. 너는 나에게 집을 지어준다.

- 간접 목적어가 2인칭인 경우
  გ-ი-შენებ. 나는 너에게 집을 지어준다.

- 간접 목적어가 3인칭인 경우
  ვ-უ-შენებ. 나는 그에게 집을 지어준다.

2.4 원인-수혜 어두의 모음 의미

2.4.1 ა-

① 자동사

- აფ-ა-რთოებს.
  그가 그것을 넓힌다.

② 사동표지

- ა-წერინებს.
  그가 그로하여금 그것을 쓰게 한다.

③ **행동의 원인을 나타 낼 때**

- ახ-ა-ტავს.(행동의 원인)
  그가 그것에다가(위로) 그것을 그린다.

2.4.2 ე-

① **자동사의 간접 목적어**

- ე-მალ-ე-ბა.
  그가 그로부터 자기 자신을 숨긴다.

② **과거 완료형**

- გავ-ე-ღო. (과거 완료형)
  우리는 그것을 (다) 열었다.

2.4.3 ი-

① **누군가의 이익을 위한 행동을 할 때 1인칭, 2인칭의 간접 목적어**

- გ-ი-შენ-ებ-თ.
  우리는 그것을 너를 위해 짓는다.

② **1,2인칭의 주어가 도치된 경우**

- გა-გ-ი-გ-ი-ა.
  너에게 그것이 들리었다. (너는 그것을 듣게 되었다.)

③ **스스로를 위한 행동 및 재귀의 의미**

- ი-ბან-ს.
  그는 스스로 씻는다.

• ი-შენ-ებ-ს.

그는 자신을 위해 짓는다.

④ 미래, 이태 동사, 부정과거를 나타낼 때

• ი-თამაშ-ებ-ს.

그는 놀 것이다.

2.4.4 უ-

① 3인칭 간접 목적어

• გა-ვ-უ-გზავნ-ე-თ.

우리는 그것을 그에게 보냈다.

② 3인칭의 도치된 주어

• და-უ-ლევ-ი-ა.

그가 그것을 마셨다.

연습문제 1. **სავარჯიშო.** 동사의 어두를 찾아 밑줄 그으시오.

① ნისლი ჩამოწვა და წვიმა წამოვიდა.

② მასწავლებელი კიბეზე ადის.

③ გასულ ზაფხულს ზღვაზე დავისვენე.

④ დედა მანქანით წამოვა.

⑤ მომავალი წლის ივლისში ჩემი უმცროსი და ჩამოვა საქართველოში.

연습문제 2. სავარჯიშო. 다음의 문장을 해석하고, 행위의 목적대상을 찾으시오.

① მშია და საჭმელს ვიკეთებ.
② არქიტექტორი ანას სახლს უშენებს.
③ მზე დედამიწას ათბობს.

text ტექსტი. 상/방향 어두 버전에 유의하여 다음의 텍스트를 읽으시오.

ბიჭი სახლიდან გამოვიდა. ის მაღაზიაში გაიქცა შოკოლადის საყიდლად. გზაში ფეხი ქვას წამოჰკრა და წაიქცა. ფეხი ოდნავ გაეკაწრა, თუმცა ყოჩაღად ადგა და გზა გააგრძელა. მაღაზიაში შევიდა, შოკოლადი იყიდა და უკან, სახლისკენ გაემართა.

단어사전 ლექსიკონი.

მაღაზია 상점	საძინებელი ოთახი 침실
სტუმარი 손님	საჭმელი 음식
მზე 태양	არქიტექტორი 건축가
დედამიწა 지구	შოკოლადი 초콜릿
ფეხი 다리	ყოჩაღად 씩씩하게
გაგრძელება 계속 하다(vn)	

제11강 동사의 테마 თემის ნიშანი

동사의 Ⅰ시리즈와 Ⅱ시리즈 스크리브[1]에 공통되는 동사의 어근을 조지아어에서는 〈테마〉로 명칭한다. 테마는 1테마 동사와 2테마 동사로 다시 분류된다. 동사의 Ⅰ시리즈와 Ⅱ시리즈의 어근이 같으면 1테마 동사, Ⅰ시리즈와 Ⅱ시리즈의 어근이 다르면 2테마 동사이다. 이것은 복잡한 조지아어의 동사 시제 변화에서 해당 동사가 무슨 시리즈에 해당하는가 쉽게 판별할 수 있게 도와주는 어미이며, 맞춤법에 따라 어근과 어미를 명확히 나누는 역할의 접사라 할 수 있다.

1 1테마 동사

- ხატვა 그리다(vn)

Ⅰ 시리즈
ვ-ხატ-ავ
ვ-ხატ-ავ-დ-ი
ვ-ხატ-ავ-დ-ე

Ⅱ 시리즈
ვ-ხატ-ე
ვ-ხატ-ო

1 제15강 동사의 시제에 나오는 용어를 참조하시오.

2 2테마 동사

- კეთება 하다(vn)

Ⅰ 시리즈

ვ-ა-კეთ-ებ	გა-ვ-ა-კეთ-ებ
ვ-ა-კეთ-ებ-დი	გა-ვ-ა-კეთ-ებ-დი
ვ-ა-კეთ-ებ-დე	გა-ვ-ა-კეთ-ებ-დე

Ⅱ 시리즈

გა-ვ-ა-კეთ-ე

გა-ვ-ა-კეთ-ო

Ⅰ 시리즈 동사의 어근은 -კეთებ- 이며, Ⅱ 시리즈의 동사의 어근은 -კეთ-이다. Ⅰ 시리즈의 테마와 Ⅱ 시리즈의 테마를 Ⅱ 시리즈의 테마와 구별하는 접사를 주제 접미사라고 한다. 주제 접미사는 -ი, -ებ, -ობ, -ავ, -ამ, -ემ, -ოფ으로 다양하다. 각 접미사 별로 다양한 동사와 사용된다.

- ი - ზრდ-ი (2sg.) 너가 (머리카락, 손톱 등) 기르다
- ავ - ვბარ-ავ (1sg.) 땅을 파다
- ამ - ვსვ-ამ (1sg.) 마시다
- ებ - ვაკეთ-ებ (1sg.) 하다
- ემ - გასც-ემ (2sg.) 거저 주다
- ოფ - გავყ-ოფ (1sg.) 나누다

동작 명사(verbal noun) 음절 ვა로 끝날 때는 테마의 접미사가 -ავ로 교체된다.

· ხატ-ვა 그리다(vn) → ვხატ-ავ 그리고 있다
· ნახ-ვა 보다(vn) → ვნახ-ავ 볼 것이다

동작 명사(verbal noun) 음절 მა로 끝날 때는 테마의 접미사가 -ამ로 교체된다.

· ჩაც-მა 입다(vn) → ვიცვ-ამ 입고 있다
· ს-მა 마시다(vn) → ვსვ-ამ 마시고 있다

ავ 및 ამ 테마 접미사는 완료 직설법에서도(Ⅲ시리즈) 동사 뒤에 붙는다.

· დამიხატ-ავ-ს 그렸다면
· დამინახ-ავ-ს 보았다면
· ჩამიცვ-ამ-ს 입었다면

연습문제 **სავარჯიშო.** 다음 문장을 읽고 테마 접미사를 찾으시오.

① დედა პალტოს იცვამს.
② მასწავლებელი ფანქრით ხაზავს.
③ ანა დავალებას აკეთებს.

text **ტექსტი.** 테마에 유의하여 텍스트를 읽으시오.

გლეხი მთელი წელი თავდაუზოგავად მუშაობს. ადრე გაზაფხულიდან იწყებს შრომას: ზარავს, თესავს, ამყნობს, თოხნის. შემოდგომაზე მოსავალს ყოფს: ნაწილს ყიდის, ნაწილს - სარჩოდ იყენებს.

// მითები ჩვენს ეპოქაში ადვილად ინგრევა, მაგალითად, მითია: მოსწავლეს სწავლა ეზარება. თუ საინტერესო დავალებას მივცემთ, დიდ სამუშაოს ნაწილებად დავუყოფთ, მაშინ ხალისით ისწავლის.

단어사전 ლექსიკონი.

გაზრდა 키우다(vn)	მიწის ამოთხრა 땅을 파다
დალევა 마시다(vn)	კეთება 하다(vn)
გაყოფა 나누다(vn)	პალტო 코트
ფანქარი 연필	დავალება 숙제
გლეხი 농부	1 წელი 일 년
გაზაფხული 봄	შემოდგომა 가을
მოსავალი 수확물	მითი 신화
სწავლა 배우다	

제12강 동사의 종류 ზმნის სახეები

조지아어 동사는 4개의 종류로 나뉜다. 조지아어 문법서에서는 'class' 라는 명칭으로 분류하기도 한다.

1 목적어를 갖는 타동사

현재와 미래 시리즈에서 주어는 주격, 직접 목적어와 간접 목적어는 여격으로 나타낸다. 주어는 V(ვ)표지, 목적어는 M(მ)표지로 나타낸다. 부정과거 시리즈에서는 주어를 능격으로 쓰고 직접 목적어는 주격이며, 간접 목적어는 여격으로 나타낸다. 완료 시리즈에서는 주어가 여격이고, 직접 목적어가 주격으로 쓰인다. 목적어를 갖는 타동사는 원인을 나타내기도 한다. 미래/부정과거 어간은 사동 표지를 추가하여 나타낸다.

- წერს. 그는 그것을 쓰고 있다.
- ზრდის. 그가 그것을 키운다.
- აჩუქებს. 그는 그것을 그에게 선물로 준다.
- აწერინებს. 그는 그에게 글을 쓰게 만든다.

1.1 타동사의 현재 시리즈 동사 변화

- შენება 짓다.
  - სოფელში სახლს ვაშენებ. 나는 마을에 집을 짓고 있다.
    სოფელში სახლს ვაშენებდი. 나는 마을에 집을 짓고 있었다.

სოფელში სახლს ვაშენებდე. 나는 마을에 집을 짓고 있었다면.

- სოფელში სახლს ვაშენებთ. 우리는 마을에 집을 짓고 있다.
  სოფელში სახლს ვაშენებდით. 우리는 마을에 집을 짓고 있었다.
  სოფელში სახლს ვაშენებდეთ. 우리는 마을에 집을 짓고 있었다면.

- წერა 쓰다.
  - მეგობარს წერილს ვწერ. 나는 친구에게 편지를 쓰고 있다.
    მეგობარს წერილს ვწერდი. 나는 친구에게 편지를 썼다.
    მეგობარს წერილს ვწერდე. 만약 내가 친구에게 편지를 썼다면.

  - მეგობარს წერილს ვწერთ. 우리는 친구에게 편지를 쓰고 있다.
    მეგობარს წერილს ვწერდით. 우리는 친구에게 편지를 썼다.
    მეგობარს წერილს ვწერდეთ. 만약 우리가 친구에게 편지를 썼다면.

2 자동사

자동사는 주어는 ვ-세트 표지를 사용하여 모든 시리즈에서 주격에 있다. 간접 목적어는 მ-세트 표지로 표시된다. 어두 및 주제 접미사의 패턴은 완료형 시리즈를 제외하고 일반적으로 자동사와 동일하다. 거의 모든 자동사에서는 주제 접미사 -ებ를 사용한다. 또한 자동사는 형성 접사(formational affixes)를 사용할 수 있다. 그 결과 자동사에는 총 세 가지 유형의 형성 패턴(formation pattern)이 나타난다. 다수가 동작 동사이다.

1. Prefixal : ი- 동사 어근 바로 앞에 위치
2. Suffixal : -დ는 동사 어근 바로 뒤에 위치
3. Markerless

- საავადმყოფოში დიდხანს ვმკურნალობდი.
  나는 오랫동안 병원에서 치료를 받고 있었다.

- სიცილისგან ცრემლები გვცვიოდა.
  우리는 웃음의 눈물을 흘리고 있었다.

- შეშინებული ბავშვები დაიმალნენ.
  겁에 질린 아이들은 숨었다.

3 이태동사 medial verb

이태(異態)동사는 타동사와 자동사의 혼합된 유형으로 그리스어와 라틴어에서 처럼 동사 낱말의 형태는 수동이면서 능동의 의미를 갖는 동사이다. 이태동사는 자-타동사의 동작 동사의 일부를 나타내거나, 자연의 소리를 설명하고, 날씨나 빛의 비추는 유형을 나타낸다. 다수가 외래어에서 차용된 동사이다. 직접 목적어를 가지지 않는 것이 대다수이지만 일부 동사는 직접 목적어를 갖는다.

- ჩაიდანში წყალი დუღს.
  주전자에 물이 끓고 있다.

- ოქრო ძვირად ფასობს.
  금의 가치는 비싸다.

- წიგნი მაგიდაზე დევს.
  책은 탁자 위에 (놓여) 있다.

4 지각동사 (도치동사)[1]

주어와 목적어가 도치되어 나타나는 감각, 감정, 상태 동사이다. 동사의 명칭으로 학자들에 따라 '지각 동사'와 '도치 동사' 등 혼용하여 사용한다. 몇몇 감정 동사는 주어가 여격으로, 직접 목적어는 주격으로 나타나므로 일부 학자들은 '간접동사' 라고도 표현한다.

- გოგო-ს ძაღლ-ი ჰ-ყავ-ს.
  강아지가(주격) 소녀에게 있다. (소녀가 강아지를 가지고 있다.)

감정 동사 중 주어가 속격으로 나타나기도 한다.

- გოგო-ს ძაღლის ეშინია.
  소녀에게 강아지의 두려움이 있다. (소녀는 개를 무서워 한다.)

연습문제 **სავარჯიშო.** 다음의 문장을 번역하고 타동사 및 자동사를 구별해 보시오.

① შეშინებული ბავშვები დაიმალნენ.
② მოსწავლე დაფასთან დგას.
③ ფიროსმანმა მარგარიტა დახატა.
④ ცას ღრუბელი გადაეფარა.
⑤ გიორგიმ ანას წერილი მისწერა.
⑥ მომღერალმა მეგობარს დაბადების დღეზე უმღერა.

1 조지아어로 해당 단어는 გრძნობა-აღქმის შინაარსის მქონე ზმნები(감각-지각 동사)

text **ტექსტი.** 다음의 대화를 읽어보시오.

ნერვები მაქვს აშლილი... - შევჩივლე.

- ძლიერ სასიამოვნოა...

განცვიფრებით შევაჩერდი.

- რა გიკვირთ?! დიახ, სასიამოვნოა... ეს ნიშნავს, რომ თქვენ ადამიანი ბრძანდებით და არა ცხოველი.

ნიკო ლორთქიფანიძე "შეხვედრა"

단어사전 **ლექსიკონი.**

საავადმყოფო 병원	კერვა 바느질하다(vn)
მკურნალობა 치료받다(vn)	გორაობა 굴러가다(vn)
დამალვა 숨다	მოწონება 좋아하다(vn)
ადუღება 끓다(vn)	შიში 두려움
დევს 놓여있다(vn)	ეშინია 무서워하다(1sg.)
ძაღლი 강아지	ლაპარაკი 말하다(vn)
ბურთი 공	შეხედვა 쳐다보다(vn)
ქალაქი 도시	განცვიფრება, გაოცება 놀라다(vn)
გაღება 열기	ტირილი, ცრემლების დაღვრა 눈물을 흘리다
თვალი 눈(眼)	
ჭამა 먹다(vn)	

제13강 동사의 상 ასპექტი

현대 조지아어는 완료상(სრული ასპექტი)과 미완료상(უსრული ასპექტი)으로 나뉜다. 완료상의 경우 동작의 완료를 상/방향 어두로 나타내고, 미완료상은 어두 없이 사용하며 일반적 행위나, 미완료 행위를 나타낸다.[1] 동사의 접두사를 통해 현재, 과거, 미래의 완료상을 나타낸다.

- 완료 მომღერალი ამ სიმღერას იმღერებს.
  가수는 이 노래를 다 할 것이다.
- 미완료 მამაჩემი ხანდახან წაიმღერებს.
  아버지는 가끔 콧노래를 하신다.

- 완료 ჩიტი ამ მთას გადა-იფრენს.
  새가 이 산을 (넘어) 날아갈 것이다.
- 미완료 ჩიტი ნელ-ნელა იფრენს.
  새가 천천히 날 것이다.

- 완료 და-ვწერე 나는 (다) 썼다
  და-ვწერ 나는 (다) 쓸 것이다
- 미완료 ვწერ 나는 쓴다
  ვწერდი 나는 쓰고 있었다

1 일부 동사는 어두 없이도 완료상을 형성하기도 한다. 예) ბრძანა, უპასუხა, უთხრა, ქნა, იყიდა 등.

Ⅰ시리즈의 현재 그룹에 있는 모든 동사는 모두 미완료상에 속한다. 미래 그룹에 포함된 모든 동사는 완료상에 속한다. Ⅱ시리즈에 해당하는 동사는 미완료상, 완료상을 모두 갖는다.

① 상이 없는 동사

- სძულს 3sg. 싫어하다
- მოსწონს 3sg. 좋아하다
- ხუმრობს 3sg. 농담하다
- უყვარს 3sg. 사랑하다

동작의 방향을 나타내나 상을 갖지 않는 동사도 있다.

- ფრენა - მიფრინავს 날다
  → არწივი მთებისკენ მიფრინავს.
    독수리는 산으로(산을 향해. pl.) 날아간다.

② 어두가 있으나 완료형을 나타내지 않는 동사

გა-დის	이쪽에서 저쪽으로 나가다.
გამო-დის	저기서 이쪽으로 나오다.
და-დის	여기저기를 (주변에서) 다니다.
მი-ფრინავს	이쪽에서 저쪽으로 날아가다.
მო-ფრინავს	저쪽에서 이쪽으로 날아오다.
და-ფრინავს	여기저기를 (주변에) 날다.
მი-ქრის	이쪽에서 저쪽으로 불다. (바람 등이)
მო-ქრის	저쪽에서 이쪽으로 불다. (바람 등이)
და-ქრის	여기저기에서 불다. (바람 등이)

연습문제 **სავარჯიშო.** 다음의 문장에서 상을 정의해 보시오.

① გუშინ დავალება ვწერე.
② ოცნებების კოშკი ვაშენე.
③ ფურცელზე კალმით დავწერე.
④ ორსართულიანი სახლი ავაშენე.
⑤ კატას რძე უყვარს.
⑥ ბავშვს მშვიდად სძინავს.

text **ტექსტი.** 다음의 대화를 읽어보시오.

ერთი მცურავი წყალს მოჰქონდა და იძახდა:
- ღმერთო მიშველეო!
მეორე ამხანაგმა უთხრა:
- ხელი გაიქნიე, ნაპირზე გახვალ და ნაშველები იქნებიო.

სულხან-საბა ორბელიანი "უგუნური მცურავი"

단어사전 **ლექსიკონი.**

ფრენა 날다, 비행(vn)	რძე 우유
არწივი 독수리	მშვიდად 조용히, 고요히, 침착하게
მთა 산	ძილი 잠
დაფა 칠판	მცურავი, მოცურავე 수영하는 사람
ანბანი 알파벳	წყალი 물
ოცნება 꿈	ღმერთი 신(하나님)

კოშკი 탑

ფურცელი 종이

კატა 고양이

ხელი 손

ნაპირი 기슭, 해안

უგუნური 무모한

| 제14강 | 동사의 태 | გვარი |

동사의 태는 능동태 (მოქმედებითი), 수동태 (ვნებითი), 중간태 (საშუალი)
로 나뉜다.

1 능동태

능동태의 주어는 Ⅰ시리즈 에서 주격으로, Ⅱ시리즈에서 능격으로, Ⅲ시리
즈에서는 여격으로 쓰인다. 능동태는 항상 타동사로만 쓰인다. Ⅰ시리즈의
경우 목적어는 여격으로 나타나며, Ⅱ시리즈와 Ⅲ시리즈에서의 목적어는
주격으로 나타난다. 간접 목적어의 경우 Ⅰ시리즈와 Ⅱ시리즈에서는 여격
으로 나타난다. 삼항가의 문장에서 간접 목적어가 여격으로 쓰인경우, Ⅲ시
리즈에서는 별도의 전치사를 사용하게 된다. 능동태에서 Ⅲ시리즈 시제의
경우 주어와 목적어가 도치된다.

· Ⅰ시리즈

ბიჭ-ი   ს-წერ-ს   წერილ-ს   მეგობარ-ს
NOM.   writes.PRS   a letter. DAT.   to a friend.DAT
소년이   친구에게   편지를   쓴다.

· Ⅱ시리즈

ბიჭ-მა   მი-ს-წერ-ა   წერილ-ი   მეგობარ-ს
ERG.   wrote.AOR.PST   a letter. NOM   to a friend.DAT
소년이   친구에게   편지를 썼다.

- Ⅲ시리즈

  ბიჭ-ს მი-უ-წერ-ი-ა   წერილ-ი   მეგობრ-ის-თვის

  DAT.   wrote.PEF.   a.letter.NOM   to a friend.GEN.POST.

  소년이   친구에게   편지를 쓴 것 같다.

2 수동태

2.1

수동태는 대부분 능동태의 동사에서 주어와 목적어의 위치가 바뀌는 것으로 결정된다. 직접 목적어는 동사의 주체가 된다. 간접 목적어의 경우 변화는 없다. 수동태는 수동태를 나타내는 어두 혹은 어미로 표기하며 아예 표지가 없게도 사용된다. 수동태 표지는 -დ로 어근 뒤에 붙는다.

- ღვინ-დ-ებ-ა ის

  되다 ((와인이)숙성되다, (사람이)성숙하다)

- ძველ-დ-ებ-ა ის

  (물건이) 오래되다

- მწვან-დ-ებ-ა ის

  초록색이 되다

2.2

수동태 표지는 두 가지 ი-와 ე-가 있다. ი- 는 능동태의 무항가 동사들을 수동태로 변경할 경우 사용하여, 삼항가 문장의 능동태 동사의 경우 ე-를 통하여 수동태를 나타낸다. 그러나 조지아어에서도 자연스럽게 사용되는 표현은 아니다.

- ი-სხმება ის 부어진다 (액체를 누군가 따르고 있는 상황)

  ღვინო ისხმება 와인을 따른다 (와인이 부어지고 있는 상황)

- ი-ლევა ის 마시게 된다

  ღვინო ილევა 와인을 마시다

  (ex- 연회장 등에서 와인을 잘마시게 되다, 와인이 달콤해서 잘 마시게
  되다 등의 문장 가능)

- მი-ე-წერება ის მას.

  그것이 그에게 속하다.

- და-ე-ხატება ის მას.

  그것은 그 위에 그려질 것이다.

  (ex- 꿈 속에서도 그려지지 않는다, 마음의 그려지지 않을 거다(마음에
  들지 않다)등의 문장도 가능)

2.3 수동태 표지가 없는 경우

수동태의 표지가 없는 경우에는 능동태 동사와 비교하여 차이를 알 수 있다.

- ათბობს 그는 그것을 따뜻하게 한다.

  თბება 그것이 따뜻해진다.

- აშრობს 그가 그것을 말리다.

  შრება 그것이 마르게 된다.

3 중간태

중간태는 중간-능동태와 중간-수동태 둘로 나뉜다. 중간-능동태는 능동태의 동사의 일반적인 변화 형태를 잃어버리고, 중간-수동태의 경우 수동태 동사의 형태를 잃게 된다. 중간태는 동사가 직접 목적어를 수식하지 않는다. 누락 된 중간-능동태는 부정과거 시제의 능동태 동사로 대체된다.

중간	능동	수동
• დუღს ის	ადუღებს ის მას	დუღდება ის
그것이 끓다	그가 끓인다	그것이 끓기 시작했다
• გორავს ის	აგორებს ის მას	გორდება ის
그것이 굴러간다	그가 굴린다	그것이 굴러가기 시작했다
• წუხს ის	აწუხებს ის მას	წუხდება ის
그는 걱정한다	그는 그에 대해 걱정한다	그는 걱정하고 있다

중간-수동태는 미완료 시제의 수동태 동사로 나타낸다.

능동	수동	중간-수동
• დგამს ის მას	იდგმება ის	დგას ის
그가 그것을 내려놓다	그것이 내려놓아지다	그것이 서있다(standing)
• აწვენს ის მას	წვება ის	წევს ის
그가 그를 눕게 만들다	그가 눕혀지다	그가 누워있다
• აყვარებს ის მას მას	უყვარდება მას ის	უყვარს მას ის
그가 그를 좋아하게 만든다	그가 그것을 좋아하게 되다	그가 그것을 좋아하다

연습문제 სავარჯიშო. 다음의 문장을 번역하고 동사의 태를 찾으시오.

① არქიტექტორი ლამაზ სახლს აშენებს.
② დედა ანას კაბას უკერავს.
③ სტადიონზე ბურთი გორავს.
④ ქალაქი სიცხისგან დუღს.
⑤ შეშინებული კატა ფარდის უკან დაიმალა.
⑥ სახურავებს თოვლი ეფინება.
⑦ ბავშვს უყვარს ჭამა.
⑧ ანას ეშიანია ველოსიპედის ტარების.

text ტექსტი. 다음의 텍스트를 읽어보시오.

შაბათს ანა წვეულებაზე მიდის. დედა ანას კაბას უკერავს. ის კაბაზე ლამაზ ყვავილებს აქარგავს. ანა ბედნიერია. მას სახეზე ღიმილი ეფინება და თვალები სიხარულისგან უციმციმებს. ერთ ადგილზე ვერ ჩერდება და აქეთ-იქეთ ტრიალებს. ბედნიერი შვილის შემყურე დედას გული გაუთბა.

단어사전 ლექსიკონი.

ძველი 오래된	კერვა 바느질 하다(vn)
მწვანე 녹색(의)	სიცხე 더위
დასხმა (액체를)붓다(vn)	შეშინებული 겁에 질린
გათბობა 따뜻하게하다(vn)	ფარდა 커튼

დუღილი 끓이다(vn)
გორვა 굴리다(vn)
წუხილი 걱정하다(vn)
არქიტექტორი 건축가
კაბა 드레스, 치마

დამალვა 숨다(vn)
სახურავი 지붕
თოვლი 눈(雪)
მოფენა, დაფენა(vn) 덮다, 쌓다
ველოსიპედი 자전거

제15강 동사의 시제 - Ⅰ 시리즈 I სერია

조지아어 동사에는 〈시리즈〉와 〈스크리브〉 시스템이 존재한다. 시리즈는 시제, 상, 서법을 나타낸다. 하나의 동사 안에 다양한 접사로 인칭(주어, 목적어), 시제, 상, 법, 수를 나타낸다.

시리즈는 총 3개로 나뉘며, 3개의 시리즈 안에서 11개의 스크리브 그룹으로 나뉜다. 스크리브는 영어의 '줄, 행(row)'인데, 한 행에 서법, 시제, 상을 모두 담고 있다. 스크리브는 다른 인도·유럽어에서 일반적으로 사용하는 용어가 아니며, 조지아어에서 언어의 특별한 특징으로 나타나므로 용어 Screeve는 영어로도 동일하게 Screeve라고 하며, 한국어 문법서에서 해당 용어가 다뤄진 적이 없으므로, 이 문법서에 문법 정보의 한 행을 '스크리브' 라고 동일하게 칭한다. 스크리브에는 시제 뿐만 아니라 서법도 담고 있다. 동사 시제 체계 라고 할 수 있다.

Ⅰ 시리즈는 현재 와 미래 그룹, Ⅱ 시리즈에는 과거와 기원법, Ⅲ 시리즈에는 완료가 있다. 스크리브는 총 11개이다.

시리즈		스크리브	시제	서법	상
Ⅰ 시리즈	현재	현재	현재	직설법	미완료상
		미완료	과거	직설법	
		가정법 현재	현재(미래)	가정법	
	미래	미래	미래	직설법	완료상
		조건법	과거	직설법	
		미래 가정법	미래	가정법	

II 시 리 즈	부정 과거	부정과거	과거	직설법	미완료상 완료상
		기원법	현재/ 미래	가정법	
III 시 리 즈	완료	완료	과거	직설법	
		과거 완료	과거	직설법	
		가정법 완료	과거/ 미래	가정법	

각 시리즈를 비교해 보면 다음과 같다.

     I 시리즈   ბავშვი წერს წერილს.   아이는 편지를 쓴다.

     II 시리즈   ბავშვმა დაწერა წერილი.   아이는 편지를 썼다.

     III 시리즈 ბავშვს დაუწერია წერილი. 아이는 편지를 (다) 썼다.

1 현재

현재 그룹의 스크리브에는 현재 직설법, 미완료 직설법, 현재 가정법의 문장이 포함된다. 현재 그룹의 경우 영어의 현재 시제와 동일하게 현재의 행동이나 상태를 설명하거나 일반적으로 일어나는 일을 기술한다. 현재 가정법의 동사는 방향을 나타내는 것을 제외하고는 다른 어두를 가지지 않는다. 다음 예에서 어두는 행동의 완료상(სრული ასპექტი)이나 미래 시제를 나타내지 않고, 오직 방향이나 빈도를 가리킨다.

    · ყოფნა ~이다 동사변화

1sg.	მე ვარ	1pl.	ჩვენ ვართ
2sg.	შენ ხარ	2pl.	თქვენ ხართ
3sg.	ის არის	3pl.	ისინი არიან

• ცხოვრება 살다 동사 변화

1sg.	ვცხოვრობ	1pl.	ვცხოვრობთ
2sg.	ცხოვრობ	2pl.	ცხოვრობთ
3sg.	ცხოვრობს	3pl.	ცხოვრობენ

• ნდომა 원하다 동사 변화

1sg.	მინდა	1pl.	გვინდა
2sg.	გინდა	2pl.	გინდათ
3sg.	უნდა	3pl.	უნდათ

Ⅰ 시리즈 타동사[1]는 시리즈별로 동사의 어간이 변하는 것과 변하지 않는 두 가지 형태로 나뉜다. 동사의 어간이 시리즈에 따라 변하지 않는 동사의 경우 현재, 미래 시제 표지가 따로 붙지 않고, 시리즈에 따라 어간이 변하는 경우 현재, 미래 표지를 갖는다.[2] 현재, 미래 시제는 -ი, -ავ, -ამ, -ებ, -ემ, -ობ, 등의 다양한 표지를 갖는다.

1-1) 타동사의 P/FSF 표지를 갖지 않는 경우

• ვ-წერ მე მათ მას.
나는 그것을 그들에게 쓴다.

• ვ-თხოვ მე მათ მას.
나는 그들에게 그것을 부탁한다.

---

1   타동사 직설법
2   이하 절에서는 P/FSF로 표기

1-2) 타동사의 P/FSF 표지를 갖는 경우

-ებ 표지
- ვ-აშენ-ებ. 나는 그것을 짓는다.
- აშენ-ებ. 너는 그것을 짓는다.

-ი
- ვ-თლ-ი. 나는 그것을 깎는다.
- შლ-ი-ან ისინი მას. 그들이 (그것을) 지운다.

-ავ
- ვ-ხატ-ავ. 나는 (그것을) 그린다.
- ხატ-ავ. 너는 그것을 그린다.
- ხატ-ავ-ს. 그는 그것을 그린다.

-ემ
- გამო-ვ-ც-ემ. 나는 그것을 발행한다.
- გამო-ც-ემ-ენ. 그들이 그것을 발행한다.

2-1) 자동사의 P/FSF 표지를 갖지 않는 경우

- წერ-ს. 그는 쓰다.
- ვ-ზრდ-ი. 내가 ~를 키우다.

2-2) 자동사의 P/FSF 표지를 갖는 경우

-ამ
- სვ-ამ-ს. 그는 마신다.

-ავ

- ვ-ხატ-ავ. 나는 그린다.

-ებ

- ვ-აწითლ-ებ. 나는 붉게 만들다.

-ობ

- ვ-გრძნ-ობ. 나는 느끼다.

-ოფ

- ვ-ყ-ოფ. 나는 나누다.

3) 수동태와 능동태의 비교

- ვ-ხატ-ავ. I paint.
- ვ-ი-ხატ-ებ-ი. I am being painted (내가 어디선가 그려지고 있는 상황).
- ვ-ე-ხატ-ებ-ი. I am being painted on (내가 어디선가 우연히 그려지고 있는 상황(목적이 없이), 'არ ვ-ე-ხატ-ებ-ი' 할 경우 '상대가 나를 좋아하지 않는다'의 의미도 가짐).
- წერ-ს. he writes it.
- ვ-ი-წერ-ებ-ი. I am written, spelled.
- ვ-ე-წერ-ებ-ი. I get enlisted written in.

4-1) 이태동사의 현재의 P/FSF 표지를 갖지 않는 경우

- ქუხ-ს 천둥치다.
- ბარდნ-ი-ს 폭설이 내리다

이태동사의 경우 현재 시제를 P/FSF 없이 나타내는 경우는 많지 않다. 이러한 이태동사는 시제표지 -ი를 함께 사용하는 경우가 있다.

- 울다

1sg. ვ-ტირ-ი
2sg. ტირ-ი
3sg. ტირ-ი-ს
3pl. ტირ-ი-ან

4-2) 이태동사의 현재의 P/FSF 표지를 갖는 경우

-ებ

- აგვიან-ებ-ს. 늦어지고 있다.
- ბრდღვიალ-ებ-ს. 빛나고 있다.
- ნეტარ-ებ-ს. 축복을 받고 있다.

5) 지각 동사 현재 시제만 나타나며, 하위 시리즈 다른 시제에서는 사용되지 않고, 다른 동사로 대체된다. 문장에서 단일항가로 구성되거나, 비항가로 구성된다.

- ვ-ხატ-ი-ვარ. 내가 (어디엔가) 그려져 있다.

2 미완료 과거

과거의 동작과 상태가 반복적으로 발생하거나, 동작의 결과를 나타낼 때 사용한다.

ვ-	ცხოვრ-	ობ-	დ-	ი
1sg.	live	TEMA.SUF	PST	IMPEF.PST

동사의 어간 + დ + 스크리브 표지 ი

მე　　ვ-წერ-დ-ი [3]
I　　write.PST.PROG.

წერ-დ-ა
3SG.PST.PROG

1-1) 자동사 미완료 과거 p/FSF 표지를 갖지 않는 경우

- ვ-წერ-დ-ი.(მე მას მას) 나는 쓰고 있었다.
- ვ-თხოვ-დ-ი.(მე მას მას) 나는 부탁하고 있었다.

1-2) 타동사 미완료 과거 p/FSF 표지가 갖는 경우

- 그리고 있었다.(그리곤 했다.)

1sg. ვ-ხატ-ავ-დ-ი
2sg. ხატ-ავ-დ-ი
3sg. ხატ-ავ-დ-ა
3pl. ხატ-ავ-დ-ნენ

- 마시고 있었다. (마시곤 했다.)

1sg. ვ-სვ-ამ-დი
2sg. სვ-ამ-დ-ი
3sg. სვ-ამ-დ-ა
3pl. სვ-ამ-დ-ნენ

3 시제가 바뀌어도 주어표지, 목적어 표지는 변동되지 않는다. 예시) '사다' 동사의 현재 ვ-ყიდულობ, 과거 ვ-იყიდე, 미래 ვ-იყიდი, '쓰다' 동사의 현재 ვ-წერ, 과거 და-ვ-წერე, 미래 და-ვ-წერ.

2) 자동사의 미완료과거가 P/FSF 표지가 갖는 경우

-ი (passive voice marker)
· 채우고 있었다.
1sg. ვ-ი-ვს-ებ-ოდ-ი
2sg. ი-ვს-ებ-ოდ-ი
3sg. ი-ვს-ებ-ოდ-ა
3pl. ი-ვს-ებ-ოდ-ნენ

-დ- (passive voice marker)
· 나이들고 있었다.
1sg. ვ-ბერ-დ-ებ-ოდ-ი
2sg. ბერ-დ-ებ-ოდ-ი
3sg. ბერ-დ-ებ-ოდ-ა
3pl. ბერ-დ-ებ-ოდ-ნენ

-ე (passive voice marker)
· 말하고 있었다.
1sg. ვ-ე-ლაპარაკ-ებ-ოდ-ი
2sg. ე-ლაპარაკ-ებ-ოდ-ი
3sg. ე-ლაპარაკ-ებ-ოდ-ა
3pl. ე-ლაპარაკ-ებ-ოდ-ნენ

3-1) 이태동사의 미완료과거가 P/FSF 표지를 갖지 않는 경우

이태동사의 경우 '천둥치다', '해가 빛나다' 등의 자연 현상을 말하는 동사의 경우 의미상으로 '나는 천둥소리를 내고 있었어(I was were thundering, ვ-ქუხ-დ-ი)' 같은 문장은 시, 소설 등 문학에서는 사용할 수 있으나, 일반적으로는 거의 사용되지 않는다. 그러나 동사변화 자체는 가능하다.

· 걱정하다
1sg. ვ-წუხ-დ-ი
2sg. წუხ-დ-ი
3sg. წუხ-დ-ა
3pl. წუხ-დ-ნენ

3-2) P/FSF 표지를 갖지 않는 경우

· 느끼다
1sg. ვ-გრძნ-ობ-დ-ი
2sg. გრძნ-ობ-დ-ი
3sg. გრძნ-ობ-დ-ა
3pl. გრძნ-ობ-დ-ნენ

4) 지각동사 미완료 과거

· 보이다
1sg. (მო)-ვ-ჩან-დ-ი
2sg. (მო)-ჩან-დ-ი
3sg. (მო)-ჩან-დ-ა
3pl. (მო)-ჩან-დ-ნენ

3 가정법 현재

가정법 현재는 어간 + დ + -ე로 나타낸다.

· 쓰다 - 쓴다면
1sg. მე მ-ი-ნდ-ოდ-ე-ს
2sg. შენ გ-ი-ნდ-ოდ-ე-ს
3sg. მას უ-ნდ-ოდ-ე-ს
3pl. მათ უ-ნდ-ოდ-ე-თ

· კარგი იქნებოდა ლამაზად რომ ვწერდე.
(글씨를) 예쁘게 쓸 수 있으면 좋을 텐데.

· რასაც არ უნდა ვაკეთებდე, დედა სულ მხარში მიდგას.
내가 무엇을 하든 어머니는 늘 나를 지지해 주신다.
(직역 : 엄마는 내 어깨 옆에 서 있다.)

· 원하다 - 원한다면
1sg. მე მ-ი-ნდ-ოდ-ე-ს
2sg. შენ გ-ი-ნდ-ოდ-ე-ს
3sg. მას უ-ნდ-ოდ-ე-ს
3pl. მათ უ-ნდ-ოდ-ე-თ

· ვინმეს რომ უნდოდეს, იოლად მოძებნის ამ სტატიას.
원하는 사람이라면 누구나 이 기사를 쉽게 찾을 수 있을 것이다.

· რაც გინდოდეს ის აკეთე.
당신이 원하는 것이 무엇이든 하세요.

1) 타동사 가정법 현재의 P/FSF 표지를 갖지 않는 경우

· 쓰다 - 쓴다면
1sg. ვ-წერ-დ-ე
2sg. წერ-დ-ე
3sg. წერ-დ-ე-ს
3pl. წერ-დ-ნენ

· 그리다 - 그린다면
1sg. ვ-ხატ-ავ-დ-ე
2sg. ხატ-ავ-დ-ე
3sg. ხატ-ავ-დ-ე-ს
3pl. ხატ-ავ-დ-ნენ

2) 자동사 가정법 현재의 P/FSF 표지를 갖는 경우

ი- passive voice marker
· 채우다.
1sg. ვ-ი-ვს-ებ-ოდ-ე
2sg. ი-ვს-ებ-ოდ-ე
3sg. ი-ვს-ებ-ოდ-ე-ს
3pl. ი-ვს-ებ-ოდ-ნენ

ე- passive voice marker
· 이야기 하다.
1sg. ვ-ე-ლაპარაკ-ებ-ოდ-ე
2sg. ე-ლაპარაკ-ებ-ოდ-ე
3sg. ე-ლაპარაკ-ებ-ოდ-ე-ს
3pl. ე-ლაპარაკ-ებ-ოდ-ნენ

3) 이태동사 가정법 현재

· 걱정하다
1sg. ვ-წუხ-დ-ე
2sg. წუხ-დ-ე
3sg. წუხ-დ-ე-ს
3pl. წუხ-დ-ნენ

· 느끼다
1sg. ვ-გრძნ-ობ-დ-ე
2sg. გრძნ-ობ-დ-ე
3sg. გრძნ-ობ-დ-ე-ს
3pl. გრძნ-ობ-დ-ნენ

4) 지각동사 가정법 현재

· 보인다 - 보인다면
1sg. (მო)-ვ-ჩან-დ-ე
2sg. (მო)-ჩან-დ-ე
3sg. (მო)-ჩან-დ-ე-ს
3pl. (მო)-ჩან-დ-ნენ

· 울다 - 운다면
1sg. (და)-მ-ტირ-ოდ-ე-ს 그 사람이 나 때문에 운다면
2sg. (და)-გ-ტირ-ოდ-ე-ს 그 사람이 너 때문에 운다면
3sg. (და)-ტირ-ოდ-ე-ს 그 사람이 그 때문에 운다면

▥ 미완료와 가정법 현재의 비교

물어보다, 요청하다, 부탁하다

	미완료	가정법 현재
1sg.	ვ-თხოვ-დ-ი	ვ-თ-ხოვ-დ-ე
3sg.	ს-თხოვ-დ-ა	ს-თხოვ-დ-ე-ს

4 미래

미래를 나타낼 때 동사의 현재형에서 상/방향 어두를 붙여 나타낸다.

1) 타동사 미래 : და-, გა-

- ვწერ → და-ვწერ. 나는 쓸 것이다.
- ვაკეთებ → გა-ვაკეთებ. 나는 할 것이다.
- ვხატავ → და-ვხატავ. 나는 그릴 것이다.
- ხვალ ამ წერილს დავწერ. 내일 (나는) 이 편지를 쓸 것이다.

2) 자동사, 이태동사의 미래 : -ი ... -ებ (간혹 -უ ... -ებ)

현재	미래
• ვ-ცხოვრობ (나는)살다 →	ვ-ი-ცხოვრ-ებ (나는) 살 것이다.
• ვ-ცურავ (나는)수영하다 →	ვ-ი-ცურავ-ებ (나는) 수영할 것이다.
• ვ-მუშაობ (나는)일하다 →	ვ-ი-მუშავ-ებ (나는) 일할 것이다.

3) 지각동사의 미래 : -ე

현재		미래
• სძულს	→	ე-ძულება
(그는) 싫어하다		(그는 그것을) 싫어하게 될 것이다
• სწყურია	→	ე-წყურება
(그는 목이) 마르다		(그는 목이) 마를 것이다

4) 미래형에서 어간이 변하는 동사

ვ-ეუბნები (나는) 말한다
→ ვ-ეტყვი 나는 말할 것이다

ვ-არ (나는) 있다
→ ვ-იქნები. 나는 있을 것이다, 할 것이다

მი-მ-ყავ-ს (나는 저기로) 데리고 가다
→ მი-ვ-იყვ-ან (나는 저기로) 데리고 갈 것이다

가지고 있다 (ქონა) 미래형 변화

1sg.	მექნება	1pl.	გვექნება
2sg.	გექნება	2pl.	გექნებათ
3sg.	ექნება	3pl.	ექნებათ

할 수 있다 (შეძლება) 미래형 변화

1sg.	შემეძლება	1pl.	შეგვეძლება
2sg.	შეგეძლება	2pl.	შეგეძლებათ
3sg.	შეეძლება	3pl.	შეეძლებათ

* შეძლება 동사의 경우 주어는 항상 여격으로 쓴다.

알다 (ცოდნა) 미래형 변화

1sg.	მეცოდინება	1pl.	გვეცოდინება
2sg.	გეცოდინება	2pl.	გეცოდინებათ
3sg.	ეცოდინება	3pl.	ეცოდინებათ

5 미래 조건법

과거에 발생했거나, 특정 조건에서 현재 발생할 수 있는 동작을 나타낸다.
버전(원인-수혜 어두)과 미완료 형태 접사를 붙여 나타낸다.

- ვ- წერ-დ-ი (미완료 – I was writing)
- და-ვ-წერ-დ-ი (조건법)

- ამ წიგნს დღესვე დავწერდი, მაგრამ დრო არ მაქვს.
  내가 이 책을 오늘 쓰려고 하는데, 하지만 시간이 없다.

- ჩემი და ახალ ჩანთას იყიდდა, მაგრამ ფული არ აქვს.
  나의 누나가 새로운 가방을 사려고 하는데, 하지만 돈이 없다.

단순 미래와 비교하면 다음과 같다.

미래	미래 조건
ვ-იცხოვრებ (나는) 살 것이다	ვ-იცხოვრებ-დ-ი (내가) 산 다면
და-ვ-წერ (나는) 쓸 것이다	და-ვ-წერ-დ-ი (내가) 쓴다면

6 미래 가정법

미래 가정법은 기원하는 것, 또는 잠정적으로 가정된 가상 행동을 나타낸다. 단문으로도 사용되며, 주절과 조건문이 결합되는 구조를 갖기도 한다.

- ვ-ა-კეთ-ებ-დ-ე 만약 내가 ~ 한다면
- გა-ვ-ა-კეთ-ებ-დ- ე 만약 내가 그 일을 했더라면
- მე ვ-ი-ცხოვრ-ებ-დ-ე 내가 (~에) 살았더라면
- ჩვენ ვ-ი-ცხოვრ-ებ-დ-ე-თ 우리가 (~에) 살았더라면

- რას მინდა ვაკეთებდე?
  나는 무엇을 하고 싶은가?

- შენ ამ საღამოს ჩემთან რომ მოხვალ, მე შეიძლება დავალებას ვაკეთებდე.
  오늘 밤에 네가 나에게 온다면 나는 과제를 하고 있을 지도 모른다.

미래 가정법이나 많은 동사가 현재 시제의 의미를 갖고 있기도 하며, 문맥에 따라 결정된다. 하위 시리즈에서는 전치사를 통해 의미를 결정하기도 한다.

- მე ვთხოვ ღმერთს თქვენს ჯანმრთელობას.
  나는 너의 건강을 위해 기도한다.[4]

- დღეს სადილს შენ გააკეთებ?
  오늘 저녁 식사를 (네가) 만들어 줄 수 있니? (행위 목적 대상없음)

4 직역: 하나님께 부탁드린다.

미래, 조건법, 가정법 비교

	미래	조건법	미래 가정법
1sg.	და-ვ-წერ I will write	და-ვ-წერ-დ-ი I would write it	და-ვ-წერ-დ-ე if I were to write it
2sg.	და-წერ You will write	და-წერ-დ-ი You would write it	და-წერ-დ-ე if you were to write it
3sg.	და-წერ-ს He will write	და-წერ-დ-ა He would write it	და-წერ-დ-ე-ს if he were to write it
3pl.	და-წერ-ენ they will write	და-წერ-დ-ნენ they would write it	და-წერ-დ-ნენ if they were to write it

연습문제 **სავარჯიშო.** 다음의 문장을 번역하고 동사의 시제(스크리브)를 쓰시오.

① მასწავლებელი დაფაზე ახალ სიტყვებს წერს.

② მოსწავლე გაკვეთლს გულმოდგინედ უსმენს.

③ მე ბავშვობაში კარგად ვხატავდი.

④ ყოველ დილით 8 საათზე ვდგებოდი.

⑤ სასურველია, ისეთ საქმეს აკეთებდე, რაც გაინტერესებს და მოგწონს.

⑥ გურმანია - არაა გასაკვირი ჭამა უყვარდეს.

⑦ მეგობართან ერთად ფილმის საყურებლად წავალ.

⑧ სკოლის დამთავრების შემდეგ უნივერსიტეტში ჩააბარებს.

⑨ დრო რომ მქონდეს, სამოგზაუროდ კორეაში წავიდოდი.

⑩ არქიტექტორი ქალაქგარეთ სახლს ააშენებდა.

⑪ კარგად მოემზადე, სანამ გამოცდას ჩააბარებდე.

⑫ ნეტა რესტორანში კარგად ისადილებდეს და გაერთობოდეს.

text **ტექსტი.** 다음의 텍스트를 읽어보시오.

ანასა და გიორგის ხატვის გაკვეთილი აქვთ. ანა ხატავს ფერად ყვავილებს, გიორგი კი - მანქანებს. წინა გაკვეთილზე მათ ხეების ხატვა ისწავლეს. ანამ ნაძვის ხე დახატა, ხოლო გიორგიმ უარი თქვა ხის დახატვაზე. მას მანქანის დახატვა უნდოდა. ახლა ხატავს ლურჯ მანქანას. გიორგიმ მასწავლებელს უთხრა: ფერადი ფანქრები რომ მქონდეს, სხვადასხვა ფერის მანქანას დავხატავდიო.

단어사전 **ლექსიკონი.**

სმა 마시다(vn)	ცოდნა 지식, 알다(vn)
ქუხილი 천둥 치다	გულმოდგინედ 성실하게
ბარდნა 눈이 오다(vn)	ბავშვობა 어린시절
ტირილი 울다(vn)	გურმანი 미식가
დაგვიანება 늦다(vn)	ქალაქგარეთ 도시 밖
ბრდღვიალი 빛나다(vn)	მანქანა 자동차
დაბერება 늙다(vn), 노화	ნაძვის ხე 크리스마스 트리

제16강 동사의 시제 - Ⅱ시리즈 II სერია

Ⅱ시리즈 에는 부정과거 직설법(Aorist Indicative)과 기원법이 포함된다.

1 부정과거

부정과거[1]는 동작의 일회성 발생을 전제로 하거나 일어난 일의 완료적 성격을 갖는다.

부정과거완료는 -ე, -ი를 붙여 나타낸다.

- გუშინ ეს წიგნი მთლიანად წავიკითხე.
  어제 나는 이 책을 다 읽었다.(읽는 행위의 완료)

비교)

- გუშინ ეს წიგნი მთელი დღე ვიკითხე.
  어제 나는 종일 이 책을 읽었다.(읽었지만 책을 다 읽지는 못함)

1 Aorist는 부정과거 또는 단순과거의 명칭을 사용한다. 본 문법서에서는 부정과거로 칭한다.

1.1 부정과거 표지 : -ე

- ხატვა 그리다

1sg. (და)-ვ-ხატ-ე

2sg. (და)-ხატ-ე

3sg. (და)-ხატ-ა

3pl. (და)ხატ-ეს

(3 인칭에서는 -ე표지가 삭제됨)

- ცურვა 수영하다

1sg. ვ-ი-ცურ-ავ-ე

2sg. ი-ცურ-ავ-ე

3sg. ი-ცურ-ავ-ა

3pl. ი-ცურ-ავ-ეს

- მეგობრობა 친구되다

1sg. ვ-ი-მეგობრ-ე

2sg. ი-მეგობრ-ე

3sg. ი-მეგობრ-ა

3pl. ი-მეგობრ-ეს

몇몇의 동사에서 -ე 는 –ი로 대체되기도 한다.

- დაწვა 태우다(vn)

1sg. (და)-ვ-წვ-ი

2sg. (და)-წვ-ი

3sg. (და)-წვ-ა

3pl. (და)-წვ-ეს

• გაშვება 보내다(vn)

1sg. (გა)-ვ-უშვ-ი

2sg. (გა)-უშვ-ი

3sg. (გა)-უშვ-ა

3pl. (გა)-უშვ-ეს

• დაწოლა 눕다

ვ-ი-წექ-ი. I was lying down.

და-ვ-წექ-ი. I lay down.

წევ-ხ-არ. You are lying down.

და-წექ-ი. You lay down.

ი-წვ-ა. He was lying down .

და-წვ-ა. He lay down.

ი-წვ-ნენ. They was lying down .

და-წვ-ნენ. they lay down.

1.2 피동 표지가 있는 자동사와 없는 동사의 비교[2]

1sg. (და)-ვ-ი-ხატები. I (will) get painted .
(და)-ვ-ი-ხატე. I got painted.
(და)- ვ-ე-ხატები. I (will) get painted (on something).
(და)-ვ-ე-ხატე. I got painted (on something) .

3sg. (და)-ი-ხატები. He will get painted.
(და)-ი-ხატა. He got painted.
(და)-ე-ხატება. He will gets painted (on something).
(და)-ე-ხატე. He got painted(on something).

2 자동사의 경우 피동표지가 있는 경우와 없는 경우로 나뉜다.

상/방향 어두	주어표지	피동표지	어근	수동태표지	시제 어미	
და	ვ		ტკბ		ი	
და			ტკბ			ა
და	ვ		სახლ	დ	ი	
და			სახლ	დ		ა
და	ვ	ი	გრიხ			ე
და		ი	გრიხ			ა
გა	ვ	ე	ზარდ		ე	
გა		ე	ზარდ			ა

▥ 현재와 부정과거 비교

	현재	부정과거
천둥치다	ქუხს	იქუხა
공이 굴러가다	გორავს	იგორა
어울리다	მეგობრობს	იმეგობრა

2 기원법

Ⅱ시리즈의 기원법은 현재와 미래를 나타내며 표지는 -ო, -ე, -ა 이다. 시리즈 표지 중 -ე로 끝나는 동사의 기원법의 경우 어미 -ო를 붙여 나타낸다.

- ნეტავ, ეს საქმე მალე დავამთავრო.
  이 일을 빨리 끝내면 좋겠다.

- ეს სამუშაო უნდა დავასრულო.
  이 일을 빨리 끝내야 한다.

• ნეტავ, ჩემი დისერტაცია მალე დავწერო.
나의 논문이 빨리 끝났으면 좋을 텐데.

• ჩემი დისერტაცია მალე უნდა დავწერო.
나는 논문을 빨리 써야 한다.

2.1 시리즈 표지 중 -ი 가 동사의 끝에 오는 경우, 기원법 표지는 -ე, -ო 로 나타낸다.

• -ი

ვ-უთხარი 말했다

მო-ვ-უყევი 말했다면

• -ო

და-ვ-წერ-ო 쓴다면

და-ვ-ხატ-ო 그린다면

• -ე

გა-ვ-თბ-ე 따뜻해지면

გა-ვ-შრ-ე 마르게 되면(건조)

▥ 현재와 비교

• ნეტავ, ჩემს სავარჯიშოს უკვე ვ-ამთავრ-ებ-დ-ე.(현재)
• ნეტავ, ჩემი სავარჯიშო მალე და-ვ-ამთავრ-ო.(기원법)

▥ 부정과거와 비교

• ვ-ი-დგ-ე. I should be standing.
• და-ვ-დგ-ე. I should stand.

• ი-დგ-ე-ს. He should be standing.

• და-დგ-ე-ს. He should stand.

▥ 현재 가정법과 비교

• ნეტავ, ჩემს დასერტაციას უკვე ვ-ამთავრ-ებ-დ-ე.
  내가 논문을 벌써 끝낸다면 좋을 텐데.

2.3 부정과거 직설법의 형태는 명령법과 형태적으로 동일하다.

완료상	미완료상
დაწეროს! (3sg.) 다 써라!	წეროს! 쓰게 해라 (let him write)
გააკეთოს! (3sg.) 다 해라!	აკეთოს! 하게 해라 (let him doit)

연습문제 **სავარჯიშო.** 동사의 시제(스크리브)를 쓰시오.

① ჩემპიონატზე ჩვენი ქვეყნის ფეხბურთელებმა გაიმარჯვეს.
② სიცხისგან ყელი გამიშრა და წყალი დავლიე.
③ შაბათ-კვირას ერთად ვივარჯიშოთ!
④ ჩემ გარეშე არ წახვიდე!

text **ტექსტი.** 시제에 유의하여 다음의 텍스트를 읽어보시오.

დედას წერილი დავუწერე ქალთა საერთაშორისო დღისთვის, სარვამარტოდ, მაგრამ მინდა, რომ უფრო კარგად, ლამაზად დავწერო და ყვავილებთან ერთად ვაჩუქო. ვარდისფერი

მისალოცი ბარათი ვიყიდე, წერილი თავიდან დავწერე და კონვერტში ჩავდე. კონვერტი ვარდების თაიგულში საგულდაგულოდ მოვათავსე. რვა მარტს, დილას, ყვავილების თაიგული მივართვი დედას მისალოცი ბარათით.

단어사전 ლექსიკონი.

ცურვა 수영	ფეხბურთელი 축구선수
დაწვა 타다, 태우다(vn)	ყელის გაშრობა 목이 마르다(vn)
გაზრდა 자라다, 증가하다(vn)	ვარჯიში 운동, 연습
სავარჯიშო 연습	მისალოცი ბარათი 축하 카드
დისერტაცია 논문	კონვერტი 봉투
ჩემპიონატი 챔피언십	თაიგული 꽃다발

제17강 동사의 시제 - Ⅲ시리즈 III სერია

Ⅲ시리즈 에서는 완료를 나타내는데, 과거의 동작이 완료되거나, 과거 동작을 통해 현재 결과가 보이는 것을 나타낸다. 또는 주체의 행동이 완료되는 것을 목격하거나, 완료 상태에 대해 인지 하지 못했을 경우 Ⅲ시리즈로 나타낸다. Ⅲ시리즈에서는 완료 직설법(Perfect Indicative), 과거 완료 직설법(Pluperfect Indicative), 완료 가정법(Perfect Subjunctive)이 포함된다.

1 완료

- ჩვენს მეზობელს ახალი მანქანა უყიდია.
  우리의 이웃이 새 차를 구입한 것 같다.

- გიორგი გუშინ ლონდონში გაფრენილა.
  기오르기는 런던으로 떠난 것으로 보인다.

- ეს ეკლესია მეათე საუკუნეში აუშენებიათ.
  그들은 이 교회를 10세기에 건축하였다.
  (10세기에 건축한 것으로 보인다.)

다만, 완료 시제 앞에 부정 소사 არ가 오게 되면, 추론 증거성을 잃고 단순 부정문으로 사용된다.

• ვნახე. 나는 보았다.
ნახე ეს ფილმი? 이 영화를 봤니?
ჯერ არ მინახავს 아직 보지 않았다.
არ ვნახე. 나는 보지 않았다. (보고싶지 않은 의지)

첫 번째 동사는 완료 시제이며, 증거성의 의미를 갖지 않는다. 그러나 두 번째의 답변은 의도적으로 영화 관람을 사양한 내용으로 부정과거 형태로 나타난다. 세 번째 답변은 부정과거이지만, 단순과거로 나타내는 것이다.

• (მო)-მ-ი-თხოვ-ი-ა მე ის.
내가 (그것에 대해) 요구했다.

• (მო)-გვ-ი-თხოვ-ი-ა ჩვენ ის.
우리는 (그것에 대해) 요구했다.

• შე-მ-ი-სვ- ამ-ს მე ის.
나는 그것을 (다) 마셨다.

• შე-გ-ი-სვ-ამ-თ თქვენ ის.
너희는 그것을 (다) 마셨다.

	preverb	Object marker	Version marker	Root	p/FSF	Tense marker	Subject marker	Plural marker
1	და	გ	ი	წერ		ი	ა	თ
2	გამო	მ	ი	ც		ი	ა	
3	ა	გვ	ი	შენ	ებ	ი	ა	
4	შე	გ	ი	სვ	ამ		ს	
5	და		უ	ხატ	ავ			თ

너희들은 (다) 썼다. / 나는 출판했다. / 우리는 다 지었다. / 너는 다 마셨다. / 그들은 다 그렸다.

2 완료 직설

완료 직설법은 '(It seems) I have...'의 뜻을 담고 있다. 과거 완료 직설법은 '(If) I had...'의 의미를 담고 있다.

- მე რომ მეტირა ყველას შევეცოდებოდი.
  내가 울기 시작했다면 모두가 나를 가엽게 여겼을 것이다.

- მომღერალს სურდა კონცერტზე ახალი სიმღერა შეესრულებინა.
  가수는 콘서트에서 신곡을 부르고 싶어 했다.

- გიორგი იძულებული გახდა დავალება დაეწერა.
  기오르기는 강제로 과제를 써야만 했다.

3 완료 가정법

완료 가정법의 경우 '(I wish) I could...'의 의미를 담고 있으며, 직접 행위자의 행위를 보지 않아도 일견하는(apparently, evidently)의미를 담기도 한다. 완료 가정법의 경우 현대 조지아어에서는 거의 사라지고 있으며, 과거 완료 직설법으로 대체하여 사용하는 경우가 많다.

- მტერი რომ დაგვეხსნას დავმშვიდდებოდით.
  적이 우리를 놓아주었다면, 우리는 진정했을 것이다.

- ახალ წელს სითბო და სიყვარული მოეტანოს!
  새해가 따뜻함과 사랑을 가져오기를 바랍니다. (가득하다면, 좋겠다.)

- კარგად რომ გამთბარიყვნენ ბავშვები ბუხრის წინ ჩამოჯდნენ.
  몸을 따뜻하게 하기 위해 아이들은 벽난로 앞에 앉았다. (몸을 잘 녹이기 위해)

연습문제 **სავარჯიშო.** 동사의 시제(스크리브)를 쓰시오.

① ანას მეგობრისთვის ლამაზი ჩანთა უჩუქებია.
② კორეელ მომღერალებს ბევრი გულშემატკივარი ჰყოლიათ.
③ ზღვასთან ახლოს, მაღალსართულიანი ბინები აეშენებინათ.
④ პარკში ახალი ხეები დაერგათ.
⑤ არ მინახავს ვინმე ბედს გაჰქცეოდეს.
⑥ კარგი იქნება, რომ მტერი დაგვეხსნას.

text **ტექსტი.** 다음의 텍스트를 읽어보시오.

თურმე ბავშვობაში, ზამთარში, ღამით, სახლიდან ჩუმად გავპარულვარ. ქუჩაში გასულს გზა დამკარგვია. გარეთ ისე ციოდა, რომ ლამის სულ გავყინულვარ. ავტობუსის გაჩერებას ვეძებდი, რომ შევფარებოდი და ცოტა მაინც გავმთბარიყავი. გზააბნეულს შემშინებია და ტირილი მომირთავს, ვიღაც კეთილ გამვლელს დავუნახივარ, შევცოდებივარ და სახლში დავუბრუნებივარ.

단어사전 **ლექსიკონი.**

ეკლესია 교회
საუკუნე 세기
ფილმი 영화
მომღერალი 가수
გულშემატკივარი 팬
ზღვა 바다
ბინა 아파트
დარგვა 심기
ბედი 운명
გაქცევა 도망가다(vn)
მაღალსართულიანი 고층 건물
ავტობუსის გაჩერება 버스 정류장
შეცოდება 가여워하다, 동정하다(vn)
მტერი 적
ზამთარი 겨울
ჩუმად 조용히, 몰래
გაყინვა 얼다(vn)
კეთილ 친절한
მგზავრი 행인, 승객

제18강 서법 კილო

조지아어의 문장에서의 화자의 의도를 나타내는 서법은 크게 세 가지로 나눈다.[1]

직설법 (Indicative Mood / თხრობითი კილო)
명령법 (Imperative Mood / ბრძანებითი კილო)
가정법 (Subjunctive Mood / კავშირებითი და ხოლმეობითი კილო)

서법은 시제와도 관련성이 깊다. 영어의 시제와 비교하여 보면, 조지아어의 시제에 따른 서법을 선명하게 구별할 수 있다.

1 직설법

직설법은 다양한 시제에서 단순 행동을 묘사한다. 동사 어근의 현재 시제로부터 구성된다.

---

1 학자에 따라 직설법, 명령법, 가정법 외에 기원법과 조건법도 서법의 하나의 범주로 보는 경우도 존재 한다. 그러나 기원법과 조건법은 조지아어 동사의 스크리브 시스템에 속하는 것으로 보기 때문에 서법에 해당하는 것은 직설법, 명령법, 가정법만 해당시키는 경우가 일반적이다. 기원법(Optative Mood/II კავშირებითი)은 이루고 싶은 소망이나 완수해야 하는 의무를 나타낸다. 형태적으로 부정과거 직설법과 유사하게 구성되지만, 다른 어미를 갖는다. (예시- მე მინდა დავწერო წერილი., მათ უნდა დაწერონ წერილი ... 등) 조건법(Conditional Mood/ხოლმეობითი კილო)은 동사의 미완료 직설법 형태에 상/방향 어두를 추가하여 구성된다. 이를 영어로 번역하면, 'will' 또는 '현재 시제'로 번역할 수 있다. (예시 - მერე დავწერდი წერილს, ... 가정법과의 차이 : მე რომ წავიდოდე სახლში (subjunctive), მერე ვჭამდი ვაშლს (conditional) 등) 완료 가정법은 현대 조지아어에서 거의 사용되지 않고, 공식적 문구로만 사용된다. (예시 - მე დამეწეროს. if I had written) 기원법과 조건법의 자세한 사항은 제15강 스크리브 내용 설명 참조.

- მე ვწერ სიტყვებს წიგნაკში.
  I am writing words into the notebook
  나는 노트에 글을 쓰고 있다.

미래 시제는 동사의 어간에 상/방향 어두를 추가하는 방식으로 현재 시제에서 파생된다. 영어로는 "going to" 이다. 미완료 시제는 일반적으로 -დ-ა (III, 단수) 또는 -დ-ი (I/II 단수)를 추가하여 현재 시제에서 파생된다. 영어로는 과거 진행형으로 해석할 수 있다.

- მე დავწერ წერილს.
  I am going to write a letter.
  편지를 쓸 것이다.

- მე ვწერდი წერილს.
  I was writing a letter.
  나는 편지를 쓰고 있었다.

진행 시제에 어두를 추가하여 습관적, 반복적 행동임을 강조한다. 영어에서의 'used to' 또는 'would'와 비슷한 의미를 가진다.

- მე დავწერდი წერილს.
  I used to write letter.
  나는 편지를 쓰곤 했다.

부정과거 직설법에서 주어는 능격(მან, მათ)으로 표기한다. 영어의 단순과거형(simple past)으로 번역할 수 있다. 부정(negation)의 부정과거는 '하지 않은 행위' 만 나타내는 것이 아니라, 주체가 '행위 자체를 하려는 의도'가 없다는 것도 의미한다.

- მე დავწერე წერილი.

  I wrote a letter.

  나는 편지를 썼다.

- მან დაწერა წერილი.

  He wrote a letter.

  그가 편지를 썼다.

- მე არ დავწერე წერილი.

  I did not write the letter.

  나는 편지를 쓰지 않았다.

  (물론 나는 편지를 쓸 의도도 없었다.)

완료 직설법의 경우 다른 시제와 상당히 다른 의미를 갖는다. '계획 했음에도 불구하고 이루어지지 않은 것'을 표현 한다. 부정과거와 비슷하게 번역할 수 있고, 영어의 현재 완료(present perfect)로 번역된다.

- წერილი არ დამიწერია.

  (Sadly,) I have not write the letter.

  (애석하게도) 나는 편지를 쓰지 않았다.

2 명령법

명령법은 부정과거 직설법(Aorist Indicative / წყვეტილი)과 형태적으로 동일하다.

- დაწერე წერილი!
  Write the letter!
  편지를 쓰세요!

부정 명령형(do not ...!)은 부정 소사 '**ნუ**' 와 함께 동사의 현재 직설법으로 나타낸다.

- ნუ წერ წერილს!
  Do not write the letter!
  편지 쓰지 마세요!

3 가정법

가정법과 조건법(კავშირებითი და ხოლმეობითი კილო)은 영어의 유형조 건절(type II conditional clauses)과 유사하게 표현된다. 가정법 미래 Future Subjunctive (მყოფადის I კავშირებითი)은 '**რომ**' 및 현재 가정법 파생어를 사용하여 구성된다. 동사와 어미-**დ-ე** (I/II 단수) 또는 -**დ-ეს** (III 단수)를 접 사로 붙이고, 결과가 적용되기 위해 충족 되어야하는 조건을 나타낸다. 영 어의 'if', 'would', 또는 단순 과거로 번역할 수 있다.

- მე რომ დავწერდე.
  If I wrote the letter. - If I started writing the letter.
  편지를 썼다면. - 편지를 쓰기 시작 했다면.

가정법 현재는 의미상 유사해 보이나, '현재'도 진행되고 있는가에 대한 내 용이 포함되어 있다.

• შენ რომ წერდე.
if you wrote the letter right now.
if you were writing the letter (now).
if you would be writing the letter (now).
지금 편지를 썼다면// 편지를 쓰고 있었다면(지금).

연습문제 다음의 문장을 해석하고 어떠한 서법으로 쓰였는지 정의해 보시오.

① მე დედას წერილს ვწერ.
② ანამ კორეული ენა ისწავლა.
③ გიორგი კარგად რომ სწავლობდეს, მაღალ ქულას მიიღებდა.
④ ნეტავ ვიცოდე, შენს გულში რა ხდება.
⑤ გარეთ ცივა, თბილად ჩაიცვი!
⑥ შორს არ წახვიდე!

text ტექსტი. 다음의 텍스트를 읽으시오.

ჯვარედინ გზაზე ისმის:
გასწორდი წელში; ასწიე მაღლა, ამაყათ თავი; მოიღერე კისერი; თავისუფლება მიეც გულ-მკერდს - ჰსუნთქე მსუბუქი ჰაერი; ნუ ჩამოგიშვია ცხვირი; დაიჭირე მზის სხივები, მიაპყარ სმენა გალობას, დასტკბი ვარდთა ჰყნოსვით! მე მონა ვარ! ... რა ვუყოთ! იბრძოლე! განთავისუფლდები ... მე სუსტი ვარ ... თავისუფლების სიყვარული მოგცემს მოსეს კვერთხს და დავითის შურდულს ... არ მაქვს იმედი ... არაფერია, ბრძოლაში

იმედიც იბადება.მეშინია უარესის ... მონობაზე უარესი რაღა იქნება?სიკვდილი ... შიმშილი...მონა ხარ მართლაც, ჭეშმარიტად მონა ... ნაკლებად საცოდავი, ვიდრე საზიზღარი.

ნიკო ლორთქიფანიძე "მონა"

단어사전 ლექსიკონი

წიგნაკი 책자	ჰაერი 공기
მაღალი 높은	ცხვირი 코
ქულა 점수	სმენა 청각
გული 심장	გალობა 성가
ჩაცმა 차려입다(vn)	დატკბობა 즐기다(vn)
შორს 멀리	მონა 노예
ჯვარედინი გზა 교차로	ბრძოლა 싸움
გასწორება 일어서다(vn)	სუსტი 약한
წელი 허리	დაბადება 출생
თავი 머리	სიკვდილი 죽음
ამაყი 자랑스러운	შიმშილი 굶주림
კისერი 목	ჭეშმარიტად 진심으로
თავისუფლება 자유	საცოდავი 불쌍한
მსუბუქი 가벼운	

제19강 의문사 კითხვითი სახელი

조지아에서 조지아어를 가르칠 때 언어 학습의 방법 중 하나로 의문사를 먼저 익히는 것이다. 조지아 사람들은 의문사는 단순히 의문문에서만 사용하는 것이 아니라 문장에서의 정보를 구체적으로 얻게 하는 수단으로 여기며, 의문사의 답변을 통해 문법의 성분을 익힌다. 조지아어의 의문사는 매우 다양하고 세분화 되어 있다. 질문을 먼저한 뒤, 그에 따른 답으로 명사의 격 형태를 익히는 방식이다.

	사람	사물
주격	ვინ? (who)	რა? (what)
능격	ვინ? (who)	რა? (what)
여격	ვის?	რას?
속격	ვისი ?	რისი?
도구격	_	რათ? 무엇으로
부사격		რად?
호격	ვინ?	რა?

소유를 묻는 '누구의 (ვისი)'? 라는 질문에 대한 답변으로 '나의', '너의', '그녀의', '아나의' 등이 올 수 있다. 주격과 능격은 시제의 차이, 타동사 유무에 따라 의미가 달라지나, 행위 주체자(혹은 사물)에 대한 것을 나타내므로 질문은 ვინ?, რა?로 같다. 주격의 의문사 ვინ?의 속격으로는 소유를 나타내는 의문사 ვისი를 사용한다. ვისი 어미는 -ი인데 답변으로 올 수 있는 소유 대명사의 경우 ჩემ-ი (나의), შემ-ი (너의), ჩვენ-ი (우리의) 모두 의문사 어미

의 형태와 동일한 형태를 취하는 것을 알 수 있다. 이와 같이 조지아어에서는 명사에 관련된 문법을 학습하기에 앞서 의문사를 통해 '대답의 정보'를 얻을 수 있는 방식으로 조지아 내에서 학습되고 있다.

- ვისი წიგნია? 누구의 책입니까?
  - თამარ-ის. 타마르의 것이다.

- რისი ნაწილია? 무엇의 부분입니까?[1]

조지아어에서 여격은 다른 인도·유럽어의 '목적격'의 역할을 하게 된다. 여격의 질문은 'ვის?, რას?'는 '누구를, 무엇을' 또는 '누구에게, 무엇에게'로 한국어로 옮겨진다. 주격 질문인 ვინ? , რა?에서 여격 표지 ს를 붙여 의문사를 나타낸다. 따라서 ვის? 라는 질문을 듣게 되면, 명사의 어미가 -ს로 끝나는 즉, 여격으로 대답하면 되는 것임을 알게 되는 것이다. ვინთან? (누구와 함께)는 주어 의문사 ვინ과 여격 후치사 თან을 붙여 사용하므로 답변 역시 후치사 -თან을 붙여 대답하면서 명사의 격을 명확히 나타낸다.

- ვი-ს აჩუქებ? 누구에게 줄거니?
  მეგობარ-ს 친구에게.

- მას უყურებ? 그를 보고 있니?
  მეგობარ-ს ვუყურებ. 친구를 보고있어.

- ვის-თან ერთად წახვედი? 너는 누구와 갔니?
  დედაჩემ-თან ერთად წავედი. 나는 엄마랑 갔어.

---

1   모음 ა/ე/ი/ო/უ 로 끝난 인명은 ს 를 붙여 소유를 나타낸다.

형용사를 나타내는 의문사의 경우에도 다양한 의문사를 사용할 수 있다. '어떤'을 나타내는 의문사는 როგორი?, რანაირი?, რომელი? 이다. რომელი는 두 가지의 선택지 중 하나를 고르는 '어떤(which one)'에 해당하며, რანაირი는 რომელი보다 더 구체적인 정보를 원할 때 묻는 의문사(what kind) 이다. 이 의문에 대한 답변으로는 모두 형용사로 대답한다. როგორი?, რანაირი?, რომელი?의 어미는 모두 -ი로 -ო로 끝나는 일부형용사를 제외한 모든 형용사의 어미는 의문사와 동일한 -ი 어미를 갖는다.

- ახალი 새로운
- მშვენიერი 아름다운
- ჭკვიანი 똑똑한
- ქალაქელი 도시의

한정 의문사는 다음과 같다.

- ზოგი some
- ერთი one
- ვინმე anyone, someone
- რა(ი)მე, რამ anything, sometime
- რაღაც something
- არავითარი some, a few, several

부정의문사의 경우 부정 소사 არ를 붙여 나타낸다.

- არავისი? 누구의 것도 아닌
- არავითარი? 아무런 문제가 없는, 어떠한 종류도 아닌

상황을 나타내는 의문사

- რატომ? 왜?
- სად? 어디로?
- როდიდან? 언제부터?
- როდემდე? 언제까지?
- როგორად? 어떻게 해서?
- რამდენხანს? 얼마나 오래?
- სადამდე? 어디까지?
- საიდან? 어디에서?
- რამდენი? 얼마나 더?

한 문장에서 2개 이상의 의문사를 함께 사용할 수 있다.

- ვინ რა გააკეთა?
  누가 무엇을 했나요?

- საიდან როდის მოდი?
  어디서 언제 왔나요?

- რანაირად რამდენი გამოიმუშავე?
  어떻게 해서 얼마를 벌었나요?

연습문제 **სავარჯიშო.** 다음의 문장에서 빈칸에 알맞은 의문사를 넣으시오.

① _______ არის ქართველი?

② _______ უყვარს თამარს?

③ _______ მუშაობთ?

④ _______ მიბრძანდებით თბილისში?

⑤ _______ წავიდე თბილისში?

text **ტექსტი.** 다음의 텍스트를 읽으시오.

- ანა, რამდენი წლის ხარ?
- მე 21 წლის ვარ.
- გიორგი, შენ რომელ კურსზე ხარ?
- მე მეორე კურსზე ვარ.
- როდის გეწყება გამოცდები?
- სემესტრის ბოლოს.
- როგორაა საქმე? ემზადები გამოცდებისთვის?
- რა თქმა უნდა.
- წარმატებას გისურვებ.
- მადლობა.

단어사전 ლექსიკონი

ახალი 새로운

მშვენიერი 아름다운

ჭკვიანი 똑똑한

ქალაქელი 도시의

კურსი 학년

გამოცდა 시험

სემესტრი 학기

წარმატება 성공

제20강 문장의 구성 syntax სინტაქსი

이번 강에서는 조지아어의 품사, 문장 구성성분, 어순 등의 내용을 간략히 다루고자 한다.

1 품사

조지아어의 품사는 총 10개이다.

- 명사(არსებითი სახელი) - კაცი, სახლი, ...
- 형용사(ზედსართავი სახელი) - დიდი, პატარა, ...
- 대명사(ნაცვალსახელი) - მე, შენ, ...
- 수사(რიცხვითი სახელი) - ერთი, ათი, ...
- 동사(ზმნა) - წერს, ხატავს, ...
- 부사(ზმნიზედა) - გუშინ, ხვალ, ...
- 후치사(თანდებული) - მიერ, გამო, შესახებ ...
- 접속사(კავშირი) - და, თუ, მაგრამ,...
- 첨사 및 소사(ნაწილაკი) - არა, ვერა, დიახ ...
- 감탄사(შორისდებული) - ეჰ! ვაი! ...

2 문장 구성 성분

2.1 주요 성분과 부차적 성분

주요 성분

1) 주어(ქვემდებარე)
2) 술어(შემასმენელი)
3) 직접 목적어 / 간접 목적어(პირდაპირი / ირიბი დამატება)

부차적 성분

1) 부차적 보어(უბრალო დამატება)
2) 정어(განსაზღვრება)
2) 상황어(გარემოება)

2.2 주어

2.2.1 주어

1) 명사

მაღაზია მდებარეობს ქალაქის ცენტრში.

가게는 시내 중심에 위치해 있다.

2) 형용사

მწვანე ჩემი საყვარელი ფერია.

녹색은 내가 좋아하는 색깔이다.

3) 수사

ერთი ადამიანი ზის.

한 명이 앉아 있다.

4) 대명사

იგი ცნობილი მომღერალია.
그는 유명한 가수이다.

5) 동작명사

თქვენი ნახვა ძალზე სასიამოვნოა.
당신을 보는 것이 매우 반갑다.

주어는 항상 술어를 갖는다. 대부분의 문장은 주어로 시작하나 문장에 의미가 변하지 않는 범위에서 화자에 따라 주어의 위치가 변동되기도 한다. 형용사가 주어로 오는 경우 어순에 따라 의미가 오역되는 경우도 발생한다.

3 어순

조지아어는 화자의 의도에 따라 어순을 자유롭게 사용하는 유연한 어순을 가지고 있다. 일반적인 문장의 어순은 주어-목적어-동사(SOV)이나, 문맥에 따라 변동할 수 있다. 조지아어의 동사에는 주어, 목적어 등의 매우 자세한 정보를 담고 있으므로, 문장 구성성분이 축소될 수 있다.

სკოლაში მიდის. (그는) 학교에 가고 있다.
დედას წერილს ვწერ. (나는) 어머니에게 편지를 쓰고 있다.

술어의 위치도 어순도 주어-술어, 또는 술어- 주어로 자유롭게 배치될 수 있다. 문장의 구성성분이 2, 3, 4개인 경우 술어는 문장의 마지막에 위치한다. 문장의 항가가 5개 이상인 경우에는 술어는 문장의 중간에 위치한다. 일반적으로 부사는 술어 앞에 오나, 문학 작품 등에서 의미에 따라 술어-부사로 바꿀 수 있다.

ნაშუაღამევიდან წვიმდა დაუცხრომლად.
자정부터 비가 계속 내리고 있었다.

의문문의 경우, 의문사는 문두에 위치한다.

რა მოხდა? 무슨 일이예요?
ვინ მოვიდა? 누가 왔어요?

3.1 어순의 예시

1	მე წიგნს ვკითხულობ	나는 책을 읽어요
2	მე ვკითხულობ წიგნს	나는 읽어요 책을
3	ვკითხულობ მე წიგნს	읽어요 나는 책을
4	ვკითხულობ წიგნს მე	읽어요 책을 나는
5	წიგნს მე ვკითხულობ	책을 나는 읽어요
6	წიგნს ვკითხულობ მე	책을 읽어요 나는

어순에 따라 논리적 강조점과 의미의 뉘앙스는 바뀌게 된다. 1~3번의 문장이 자연스럽고 일반적인 문장이나, 의미에 따라 4~6의 문장 사용도 가능하다.

4 문장의 종류

어떠한 사건이나 상태에 대한 태도나 의견을 나타낸다. 문장의 구조적 특성에 따라 문장은 다음과 같이 나뉜다.

1) 단순문과 확대문
2) 완전문과 불완전문
3) 단일문과 복합문

4.1 단순문과 확대문

단순문의 주어, 목적어, 술어에 해당하는 모든 단어에 수식하여 확대문으로
만들 수 있다.

단순문	확대문
მოსწავლე მოდის. 한 학생이 오고 있다.	ჭკვიანი მოსწავლე მოდის. 똑똑한 학생이 오고 있다. ჭკვიანი მოსწავლე ჩქარა მოდის. 똑똑한 학생이 빠르게 오고 있다. ჭკვიან მოსწავლეს წიგნი მოაქვს და ჩქარა მოდის. 똑똑한 학생이 책을 가지고 빠르게 오고 있다. ჭკვიან მოსწავლეს წიგნი მოაქვს და ჩვენკენ ჩქარა მოდის. 똑똑한 학생이 책을 가지고 우리쪽으로 빠르게 오고 있다.
მასწავლებელი მოსწავლეს წიგნი უკითხავს. 한 선생님이 책을 학생에게 읽어주고 계신다.	მასწავლებელი მოსწავლეებს წიგნს ხმამაღლა უკითხავს. 선생님이 학생들에게 책을 크게 읽어주신다. ცნობილი მასწავლებელი მოსწავლეებს წიგნს უკითხავს. 뛰어난(well-known) 선생님이 학생들에게 책을 읽어주신다. ცნობილი მასწავლებელი ჭკვიან მოსწავლეებს საინტერესო წიგნს უკითხავს. 뛰어난(well-known) 선생님이 똑똑한 학생들에게 재미있는 책을 읽어주신다.

4.2 불완전문과 완전문

불완전문에서 주요 문장 구성 요소나 부차 성분 요소가 문장에 존재 하지 않더라도, 문맥에 따라 암시되거나 동사의 형태로 주어를 나타낼 수 있다. 주로 구어체, 대화에서 나타난다.

- (შენ) სად მიდიხარ?
- (მე) სახლში. (მივდივარ.)
- (შენ) დედასთან? (მიდიხარ?)
- დიახ. (მე დედასთან მივდივარ.)

4.3 단문과 복문

복문은 두 개 이상의 단문으로 이루어져 있거나, 단문과 2차 문장 성분 요소가 포함된 문장과도 결합된다.

- მამა ტელევიზორს უყურებდა, დედა წიგნს კითხულობდა.
  아버지는 티비를 보고 계셨고, 어머니는 책을 읽고 계셨다.

- ბიჭი ჩუმად, თავისთვის ტიროდა, მაგრამ გაბრაზდა, როცა მისმა მეგობრებმა თვალზე ცრემლი შენიშნეს.
  소년은 조용히 혼자 울고 있었고, 그러나 그의 친구들의 그의 눈의 눈물을 발견했을 때 화를 냈다.

- რაც უფრო ღელავდა და წუხდა ამ ამბის გამო ჩვენი მეგობარი, მით უფრო ერიდებოდა ჩვენთან შეხვედრას.
  우리의 친구는(그는) 이 문제에 대해 초조하고 걱정할수록 우리와의 만남을 피했다.

4.3.1 복문 - 주요 종속 문장 연결

복문으로 연결되는 문장은 관계 대명사 ვინც, რაც, რომელიც, როგორიც, რამდენიც, სადაც, საიდანაც, როცა, როგორც로 연결된다. 종속 접속사로는 რომ, თუ, სანამ, რადგანაც, თუმცა 등이 있다.

- ეს რომ ვუთხარი, გიორგიმ სიცილი დაიწყო.
  내가 이 말을 했을 때 기오르기는 웃기 시작했다.

- გიორგიმ, ეს რომ ვუთხარი, სიცილი დაიწყო.
  기오르기는 내가 이말을 했을 때 웃기 시작했다.

- გიორგიმ სიცილი დაიწყო, ეს რომ ვუთხარი.
  기오르기는 웃기 시작했다, 내가 이 말을 했을 때.

연습문제 **სავარჯიშო.** 다음 문장을 해석하시오.

① გიორგი სახლში გვიან მივიდა.
② ანას ზღვის ეშინია.
③ მთებზე ნისლი ჩამოწვა.
④ თვითმფრინავი, რომელშიც გიორგი იჯდა, ინჩონის აეროპორტში დაეშვა.
⑤ შენ რომ სამაჯური მაჩუქე, დამეკარგა.
⑥ დედა ამშვიდებდა ანას, მაგრამ ის მაინც ტიროდა.

text **ტექსტი.** 다음의 텍스트를 읽으시오.

ბავშვი ცხვრებს აძოვებდა. ვითომ მგელი დაინახა, დაიწყო ყვირილი: მიშველეთ მგელიო. გლეხები გაიქცნენ, ნახეს ტყუილი იყო. ასე მოატყუა მეორედ და მესამედ. მეოთხედ მგელი მართლა მოვიდა. ბავშვმა მორთო ყვირილი: არიქა, მიშველეთ, მგელიო. გლეხებს ეგონათ, კიდევ გვატყუებსო და ყურიც არ ათხოვეს. მგელი უშიშრად დაერია ფარას და დიდი ზიანი მიაყენა.
ანდაზა: ტყუილს მოკლე ფეხები აქვსო.

იაკობ გოგებაშვილი “ცრუპენტელა”

단어사전 **ლექსიკონი.**

ბავშვი 아기, 어린이	მართლა 정말로
ნახვა, დანახვა 보다(vn)	მოკლე 짧은
შველა 도움	დარევა 공격
დიდი 큰	კიდევ 다시
გაქცევა 도망가다(vn)	ფეხი 다리
მოსვლა 오다(vn)	მეორედ 두번째로
გლეხი 농부	მესამედ 세 번째로
მგელი 늑대	მეოთხედ 네 번째로
ძოვა 방목	ყურის თხოვება 귀기울여 듣다(vn)
ცხვარი 양	მიშველეთ 도와주다(명령형)

연습문제 정답 및 해석

제1강

연습문제 본문에 표시.

text 소녀가 버섯을 따고 있다./ 어머니는 의자에 앉아 계신다./ 선생님이 칠판에 쓰고 계신다./ 남동생은 검은 모자를 쓰고 있다.

제2강

연습문제 სკამები, დედები, ძმები, კალმები, რვეულები, ჩანთები, ბავშვები, მოსწავლეები, მასწავლებლები, მაგიდები.

text 제 이름은 기오르기입니다. 나는 조지아 사람입니다. 나는 트빌리시에서 공부하면서 살고 있습니다. 트빌리시는 조지아의 수도입니다. 트빌리시는 아름다우며 사람이 많이 붐비는 도시입니다. 나는 두 명의 남동생이 있습니다. 나보다 더 어립니다. 그들은 많은 장난감과 색연필을 가지고 있습니다. 나의 동생들은 집들, 나무들, 꽃들 동물들을 그리는 것을 좋아합니다.

제3강

연습문제 ① ანა მიდის სკოლაში. ② დედამ სადილი მოამზადა. ③ მოსწავლე დავალებას აკეთებს. ④ თბილისის ქუჩები ლამაზია. ⑤ მე ჩაის რძით ვსვამ. ⑥ მამაჩემი ექიმად მუშაობს. ⑦ ბიჭო! მოდი აქ!

text 아나는 20살입니다. 그녀는 외국어대학교의 학생입니다. 아나는 한국어학과에서 한국어를 공부하고 있습니다. 한국어 외에 일본어, 중국어에도 관심이 많아 번역가가 되기를 원합니다. 학업을 계속하기 위해 선생님은 그에게 한국의 대학에서 석사 학위를 받으라고 조언했는데, 이것을 위해 그녀는 열심히 준비하고 있습니다. 그녀는 구체적으로 어느 한국 대학에서 공부하게 될지 아직 모릅니다. 그녀에게는 대학을 선택할 시간이 있습니다. 그녀는 한국에서 석사학위를 하고 고국으로 돌아가 자기의 전공으로 일을 시작할 계획입니다.

제4강

연습문제 ① მე ② შენ ③ ის ④ ჩვენ ⑤ თქვენ ⑥ ისინი.

text 이분은 나의 어머니입니다. 나의 어머니는 조지아어 선생님입니다. 우리는 어제 한국에서 돌아왔습니다. 지금은 여름방학입니다. 나의 방학은 9월에 끝납니다. 나와 어머니는 몇 주 동안 시골에 계신 할머니를 방문하고 그녀의 집에 머무를 것입니다. 할머니는 연세가 많으시지만, 모든 일을 혼자 하십니다.

제5강

연습문제 1. ① მეგობრული ② ქუდიანი ③ ხვალინდელი

연습문제 2. ① ჩვენს სახლში უდიდესი ჩემი ოთახია. ② ანა ულამაზესი გოგოა. ③ ეს ადამიანი უსაყვარლესია მათ შორის, ვისაც კი ვიცნობ. ④ მისი ყავა მომწარო არის. ⑤ ეს ყვავილი არის მოვარდისფრო. ⑥ ამ წიგნს მოცისფრო ყდა აქვს.

text 언젠가 왕이 고관에게 명령했다: "가서 지구상에서 그것보다 더 단 것이 없는 그런 것(음식)을 나에게 가져와라!" 고관은 가서 혀를 사서 그에게 가져와서 튀겨 먹였다. 왕은 그것을 좋아했다. 잠시 후 왕은 다시 고관을 불러서 그에게 명령했다. "가서 지구상에서 그보다 더 쓴 것이 없는 그런 것(음식)을 나에게 가져와라!" 고관은 가서 다시 혀를 사서 그에게 갖다줬다. 왕은 고관에게 이렇게 말했다. "쓴 것을 달라했는데 혀를 가져왔고, 단 것을 달라했더니 그대는 나에게 또 혀를 가져왔구나?" 고관이 대답했다."이 세상에는 혀 보다 더 쓴 것이 없고 혀 보다 더 단 것이 없습니다." 술한-사바 오르벨리아니의 〈가장 달콤하고 가장 쓴 것〉 중 일부 발췌.

제6강

연습문제 ① წინ ② ქუთაისიდან თბილისამდე ③ ზღვაზე ④ ღამით ⑤ საღამომდე ⑥ ძალიან ⑥ შიშისაგან ⑧ სიცივისგან ⑨ სათამაშოდ ⑩ სამეცადინოდ

text 오늘은 토요일이다. 오후에는 친구들과 영화관에서 영화를 봤다. 영화가 끝난 후에 우리는 서둘러 밖으로 나와 집으로 돌아갔다. 비가 오는 날씨였기 때문에 집에 들어가기 전 문 앞 매트에 발을 열심히 닦았다. 나는 바로 위 층에 내 방으로 올라갔다. 나는 너무 피곤하고 졸렸다. 침대에 누워잠이 들었다. 일어나서 어머니가 차려주신 맛있는 밥을 먹었다.

제7강

연습문제 **1.** ① ზე ② ში ③ ში ④ ში ⑤ ზე ⑥ დან ... მდე ⑦ დან ... მდე ⑧ დან ... მდე ⑨ დან ... მდე ⑩ ში ...დან ... მდე

연습문제 **2.** ① და ② და ③ თუ ④ თუ ⑤ მაგრამ ⑥ მაგრამ ⑦ კი ⑧ და კი ⑨ რომ ⑩ რომ ⑪ ხან ... ხან ⑫ ხან ... ხან

text 옷가게에 가니? -응. 옷을 사야 해. -뭘 살건데? -(나를 위해) 새 바지랑 신발을 사고 싶어. -나도 같이 가. -이 바지가 나에게 어울리니? 나는 이 색깔이 맘에 드네. -응, 그 바지 정말 잘 어울린다. 너에게 딱 맞는거야. -이거 사야겠어. 파티에 갈 때 입으려고. 아, 근데 신용 카드를 찾을 수 없어. -주머니에 없어? 잘 찾아봐. -없어. 주머니에서 떨어졌나봐. 찾았어! 가방 속에 있었네. -다행이다.

제8강

연습문제 თექვსმეტი, ორი, სამი, ორმოცდაორი, ორმოცდაოთხი, ხუთი, ორიათასრვა, ათი, შვიდი, ოცდაათი

text "나는 당신을 기다리고 있어요. 기다릴 수 있을 것 같아요." "얼마나 걸리나요?" "1일, 2주, 몇 달, 몇 년이 걸릴지 모르겠어요." "기다릴 수 있겠어요(할 수 있나요)?" "네 아마도요." "3년째 당신을 보지 못했어요. 짧은시간인가요?" "그리 오래 된 건 아니에요." "당신과 함께 있을 수 있다면, 나는 내 생명도 포기할 수 있어요." "잘되길 바랄게요." "반년 뒤에야 당신과 만날 수 있겠네요." "좋아요. 기다리겠어요."

제9강

연습문제 **1.** ① ზის ② წერს ③ მოსწონს ④ ჭამს ⑤ ხედავს ⑥ ამზადებს

연습문제 **2.** ① 주어: მოსწავლე 목적어: წიგნს ② 주어: დედამ 목적어: სადილი ③ 가주어: 우리, 목적어: ანას, საჩუქარს ④ 주어: ბავშვებმა 목적어: სასახლე ⑤ 주어: მეგობრები 목적어: 없음('나'가 목적어이나 빠져있음.)

text 내일은 아나의 생일입니다. 친구끼리 돈을 모아 선물을 사줄 것입니다. 아나는 꽃을 좋아해서 과일과 함께 장미꽃을 선물할 것입니다. 우리 반 친구 기오르기는 아나의 초상화를 그렸고 우리는 이 그림과 다른 선물을 함께 줄 것입니다.

제10강

연습문제 1. ① ჩამო, წამო ② ა ③ და ④ წამო ⑤ ჩამო

연습문제 2. ① ① 배가 고파서 요리를 하고 있다. ვ-ი-კეთებ. 목적대상: 자기자신 ② 건축가는 아나의 집을 짓고 있다. უ-შენებს 목적대상: 3인칭(아나) ③ 태양은 지구를 따뜻하게 한다. ა-თბობს 목적대상: 없음.

text 소년은 집에서 나왔다. 그는 초콜릿을 사러 가게로 달려갔다. 가는 도중에 발로 돌에 부딪혀 넘어졌다. 다리가 조금 긁혔지만, 그는 씩씩하게 일어나 가던 길을 계속 갔다. 그는 가게에 들어가 초콜릿을 사서 집으로 향했다.

제11강

연습문제 ① იცვ-ამ-ს, ამ ② ხაზ-ავ-ს, ავ ③ აკეთ-ებ-ს, ებ

text **1.** 농부는 일년 내내 쉬지 않고 일합니다. 그는 이른 봄부터 일을 시작합니다: 땅을 파서 고르고, 심고, 맞접하고, 괭이질을 합니다. 가을에

는 수확물을 나누어서 일부를 팔고 일부는 식량으로 사용합니다. //

text 2. 학생이 공부하는 것을 게으르다고 하는 말(신화, 구전, 구설)이 있지만(직역:신화가 무너지지만 = 그 말은 진실이 아니다 라는 조지아식 관용적표현), 만일 흥미로운 숙제를 주고 큰 작업을 여러 부분으로 나누어주면 그는 즐겁게 배울 것입니다.

제12강

연습문제 ① გარადუვალი/자동사. 겁에 질린 아이들은 숨었다. ② გარდაუვალი/자동사. 학생이 칠판 앞에서 서 있다. ③ გარდამავალი/타동사. 피로스마니는 마가리타를 그렸다. ④ გარდაუვალი/자동사. 하늘이 구름으로 가렸다.(직역: 그름이 하늘을 덮었다). ⑤ გარდამავალი/타동사. 기오르기는 아나에게 편지를 썼다. ⑥ გარდამავალი/타동사. 가수는 생일날 친구에게 노래를 불렀다.

text 신경이 혼란스러워요. ... – 그에게 말했다. “아주 좋아요” 나는 놀라서 쳐다봤다. “왜 놀랐나요?” “당연히 좋죠” “그건 바로 당신이 동물이 아니라 사람이라는 뜻입니다.” 니코 로르트키파니제 〈만남〉 중 일부 발췌

제13강

연습문제 ① 미완료상 ② 미완료상 ③ 완료상 ④ 완료상 ⑤ 상이없는 문장 ⑥ 상이 없는 문장

text 한 수영하던 사람이 물에 떠내려가며 이렇게 외쳤습니다. “신이시여 도와주소서!” 다른 사람(둘째 동료)은 이렇게 말했습니다. “손을 흔들면 해안으로 가서 구조될 거에요.” 술한-사바 오르벨리아니 〈무모한 수영하는 사람〉 중 일부 발췌.

제14강

연습문제 ① 능동태, 건축가는 아름다운 집을 짓는다. ② 능동태, 어머니는 안나의 드레스를 바느질하고 계신다. ③ 중간태, 공이 경기장에서 굴러가고 있다. ④ 중간태, 도시는 열기로 들끓고 있다. ⑤ 수동태, 겁에 질린 고

양이는 커튼 뒤에 숨었다. ⑥ 수동태. 지붕에 눈이 덮히다. ⑦ 수동태, 아이는 먹는 것을 좋아한다. ⑧ 수동태, 아나는 자전거 타는 것을 두려워한다.

text 아나는 토요일에 파티에 갑니다. 어머니는 안나의 드레스를 바느질하고 계십니다. 그녀는 드레스에 아름다운 꽃을 자수를 놓습니다. 아나는 행복합니다. 그녀는 얼굴에 미소를 띠고 있으며 그녀의 눈은 기쁨으로 반짝거립니다. 그녀는 한 곳에 머물지 못하고 여기저기를 (설레어하며) 돌아다닙니다. 행복한 딸을 바라보는 어머니의 마음이 따뜻해졌습니다.

제15강

연습문제 1. ① 현재 직설법, 선생님은 칠판에 새로운 단어를 쓴다. ② 현재 직설법, 학생은 수업을 주의 깊게 듣는다. ③ 미완료 직설법, 나는 어릴 때 그림을 잘 그렸다. ④ 미완료 직설법, 나는 매일 아침 8시에 일어났다. ⑤ 현재 가정법, 자신이 관심 있고 좋아하는 일을 하는 것이 바람직하다. ⑥ 현재 가정법, 그는 미식가이고, 그가 먹는 것을 좋아한다는 것은 놀라운 일이 아니다. ⑦ 미래 직설법, 나는 친구와 함께 영화를 보러 갈 것이다. ⑧ 미래 직설법, 학교를 마친 후 그는 대학에 입학할 것이다. ⑨ 조건법, 시간이 있으면 한국으로 여행을 갈 거예요. ⑩ 조건법, 건축가는 도시 외곽에 집을 지을 것입니다. ⑪ 미래 가정법, 시험에 응시하기 전에 잘 준비하십시오. ⑫ 미래 가정법, 그들은 맛있는 저녁을 먹고 레스토랑에서 즐거운 시간을 보냈으면 좋겠다.

text 아나와 기오르기는 그림 수업을 받습니다. 아나는 화려한 꽃을 그리고 기오르기는 자동차를 그립니다. 이전 수업에서는 그들이 나무를 그리는 법을 배웠습니다. 아나는 크리스마스트리를 그렸지만 기오르기는 트리 그리기를 거부했습니다. 그는 자동차를 그리고 싶었습니다. 지금 그는 파란 자동차를 그리고 있습니다. 기오르기는 선생님에게 '색연필이 있다면 다양한 색상의 자동차를 그릴 것입니다.'라고 말했습니다.

제16강

연습문제 ① 부정과거 직설법, 우리나라 축구선수들이 우승을 차지했다.

② 부정과거 직설법, 더위에 목이 말라 물을 마셨다. ③ 기원법, 주말에 같이 운동하자! ④ 기원법, 나 없이 가지 마세요!

text 세계 여성의 날을 맞이하여 3월 8일을 위해 어머니께 편지를 썼습니다. 하지만, 좀 더 잘, 더 아름답게 (편지를) 써서 꽃과 함께 어머니께 드리고 싶습니다. 나는 분홍색 축하 카드를 사서 편지를 다시 써서 봉투에 넣었습니다. 장미 꽃다발 안에 봉투를 조심스럽게 넣었습니다. 3월 8일 아침에 어머니께 축하 카드와 함께 꽃다발을 드렸습니다.

제17강

연습문제 ① 완료 직설법, 알고 보니 안나는 친구에게 아름다운 가방을 선물했다. ② 완료 직설법, 알고 보니 한국 가수들은 팬이 많았다. ③ 과거 완료 직설법, 바다 근처에 고층 아파트를 지을 것으로 밝혀졌다. ④ 과거 완료 직설법, 공원에 새로운 나무가 심어진 것으로 밝혀졌다. ⑤ 완료 가정법, 나는 운명을 피하는 사람을 본 적이 없다. ⑥ 완료 가정법, 적이 우리를 놔뒀으면(놔두면) 좋을 텐데.

text 어린 시절, 겨울, 밤에 나는 집에서 몰래 나갔던 것 같습니다. 길을 나갔다가 길을 잃어버린 것 같습니다. 밖이 너무 추워서 거의 얼어붙을 뻔했습니다. 나는 몸을 숨겨 조금 녹일 버스 정류장을 찾고 있었던 것 같습니다. 길을 잃은 내가 두려워하며 울기 시작했고, 어떤 착한 지나가던 행인이 나를 봤고 가여워하며 나를 집으로 보내준 것 같습니다.

제18강

연습문제 ① 직설법, 나는 어머니에게 편지를 쓰고 있습니다. ② 직설법, 안나는 한국어를 배웠습니다. ③ 가정법, 기오르기가 공부를 잘했다면 높은 점수를 받을 텐데. ④ 가정법, 나는 당신의 마음 속에서 무슨 일이 일어나고 있는지 알았으면 좋았을 텐데. ⑤ 명령법, 밖이 추운데 따뜻하게 입으세요! ⑥ 명령법, 멀리 가지 마세요!

text 교차로에서는 소리가 들린다. "허리를 펴고, 머리를 높게 자랑스럽게 올리고, 목을 내밀고, 심장과 가슴에 자유를 주고 – 가벼운 공기를 마셔보세요. 코를 떨어뜨리지 말고(아래로 향하게 하지 말고), 태양 광선을 받고, 성가에 귀를 기울고, 장미 향기를 즐겨보십시오!" "(그렇지만) 나는 노예입니다! ... 우리는 무엇을 할 수 있을까요?" "싸우십시오! 당신은 풀려나게 될거에요. ..." "(그렇지만) 나는 약합니다. ..." "자유에 대한 사랑이 모세의 지팡이와 다윗의 활을 너희에게 주리라. ..." "희망이 없습니다. ... 아무것도 느낄 수 없어요." "희망은 투쟁 속에서 탄생합니다." "최악의 상황이 두려워요. ... 노예제도보다 더 나쁜 것이 어디 있겠습니까? 죽음... 배고픔..." "당신은 진짜 (그런)노예군요, 정말로 (그런)노예에요. ... 한심한 것보다 덜 한심한. ..." 니코 로르트키파니제 〈노예〉 중 일부 발췌.

제19강

연습문제 ① ვინ ② რა ③ სად ④ როდის ⑤ როგორ

text 아나, (당신은) 몇 살입니까? 나는 21살입니다. 기오르기, 너는 몇 학년이니?-저는 2학년이에요. 시험은 언제 시작하니? -학기말에요. 어떻게, 시험은 잘준비하고 있니? -물론이죠. -행운을 빌어. -감사해요.

제20강

연습문제 ① 기오르기는 집에 늦게 돌아갔다. ② 안나는 바다를 무서워한다. ③ 안개가 산에 깔려 있다.(앉았다). ④ 기오르기가 타고 있던 비행기가 인천공항에 착륙했다. ⑤ 네가 준 팔찌를 잃어버렸어. ⑥ 어머니는 아나를 위로했지만, (그녀는) 여전히 울고 있다.

text 아이는 양을 치고 있었다. 마치 늑대를 본 듯 비명을 지르기 시작했다: "도와주세요! 늑대가 나타났어요!!" 농민들은 뛰어갔고 (그것이) 거짓말이라는 것을 알게 되었다. 그는 이런 식으로 두 번, 세 번 그들을 속였다. 네 번째에는 실제로 늑대가 나타났다. 아이는 소리를 쳤다. "여기 좀 보세요! 도와주세요!!! 늑대가 나타났어요!!!!" 농민들은 그가 또(여전히) 거짓말을 하고 있다고 생각하고 (그의 말에) 귀를 기울이지 않았다. 늑대는 겁 없이 무리를 공격해 큰 피해를 입혔다. 속담: 거짓말은 다리가 짧다. 이아콥 고게바쉬빌리의 〈거짓말쟁이〉 중 일부 발췌.

부록 1. 문법 용어 Index

I 시리즈	I სერია
II 시리즈	II სერია
III 시리즈	III სერია
가정법	კავშირებითი
가정법 완료	III კავშირებითი
가정법 현재	აწმყოს კავშირებითი
간접 목적어	ირიბი დამატება
원인-수혜 어두	ქცევა
강세	აქცენტი
격	ბრუნვა
과거	წარსული
과거 완료	II თურმეობითი
관계 부사	მიმართებითი ზმნიზედა
관계형용사	მიმართებითი ზედსართავი სახელი
기수사	რაოდენობითი სახელი
기원법	II კავშირებითი
능격	მოთხრობითი
능동태	მოქმედებითი გვარი
단수	მხოლობითი რიცხვი
대명사	ნაცვალსახელი
대명사의 소유	ნაცვალსახელის კუთვნილება
도구격	მოქმედებითი
동사	ზმნა
상/방향 어두	ზმნისწინი

동사의 원형	ზმნის საწყისი
동작명사	მოქმედების სახელი
동화작용	ასიმილაცია
명령법	ბრძანებითი კილო
명사	არსებითი სახელი
모음	ხმოვანი
목적어	ობიექტი
문장	წინადადება
문장의 구성	წინადადების სტრუქტურა
미래	მომავალი
미래 가정법	მყოფადის კავშირებითი
미래 완료	ახლანდელი სრული
미완료상	უსრული ასპექტი
복수	მრავლობითი რიცხვი
부사	გარემოება
부사격	ვითარებითი
부정 부사	უარყოფითი ზმნიზედა
부정과거	წყვეტილი
부차적 보어	უბრალო დამატება
분류	კლასი
분수	წილობითი სახელი
불규칙	არაწესიერი
상	ასპექტი
상황어	გარემოება
서법	კილო
서수사	რიგობითი სახელი
소유대명사	კუთვნილებითი ნაცვალსახელი
속격	ნათესაობითი
수동태	ვნებითი გვარი
수사	რიცხვითი სახელი
술어	შემასმენელი

스크리브	მწკრივი
시간 부사	დროის ზმნიზედა
시제	დრო
알파벳	ანბანი
양태 부사	ვითარების ზმნიზედა
어간	ფუძე
어근	ძირი
여격	მიცემითი
예외	გამონაკლისი
완료	I თურმეობითი
완료상	სრული ასპექტი
음운 전환	მეტათეზისი
음절	მარცვალი
의문 대명사	კითხვითი ნაცვალსახელი
의문사	კითხვითი სახელი
이태동사	დეპონენტური ზმნა
이화 작용	დისიმილაცია
인칭	პირი
인칭 대명사	პირის ნაცვალსახელი
자동사	გარდაუვალი ზმნა
자음	თანხმოვანი
장소 부사	ადგილის ზმნიზედა
접속사	კავშირი
정어	განსაზღვრება
조건법	ხოლმეობით-შედეგობითი
주격	სახელობითი
주어	სუბიექტი , ქვემდებარე
주제 접미사	თემის ნიშანი
주체 목적 버전	სათავისო ქცევა
중간태	საშუალი
지시 대명사	ჩვენებითი ნაცვალსახელი

직설법	თხრობითი კილო
직접 목적어	პირდაპირი დამატება
최상급	უფროობითი ხარისხი
타동사	გარდამავალი ზმნა
탈락	კვეცა
품사	სიტყვების კლასი
항가	ვალენტობა
행위자	მოქმედი პირი
현재	ახლანდელი
현재 완료	ახლანდელი სრული
형용사	ზედსართავი სახელი
형용사의 격변화	ზედსართავი სახელის ბრუნება
형용사의 비교급	ზედსართავი სახელის ხარისხი
호격	წოდებითი
후치사	თანდებული

부록

2. 어휘 Index

ა

ადამიანი	사람, 인간
ადუღება	끓다(vn)
ავტობუსი	버스
ავტობუსის გაჩერება	버스 정류장
ამაყი	자랑스러운
ამხანაგი	동료
ანბანი	알파벳
არ	부정 소사 ~아닌, 안하다
არ ცოდნა	알지 못하다(vn)
არდადაგები	휴가, 방학
არქიტექტორი	건축가
არჩევა, შერჩევა	선택하다(vn)
არწივი	독수리
აშენება	짓다(vn)
ახალი	새로운

ბ

ბავშვი	아기, 어린이
ბავშვობა	어린 시절
ბარდნა	폭설, 대설이오다(vn), 눈이오다(vn)
ბგერა	음, 소리

ბებია	할머니
ბედი	운명
ბინა	아파트
ბიჭი	소년
ბრდღვიალი	빛(빛나게 하는)
ბრძოლა	싸움
ბურთი	공
ბუხარი	난로
გაბრაზება	화나다(vn)
გაგრძელება	계속하다(vn)
გაზაფხული	봄
გაზრდა	키우다
გაზრდა	자라다, 증가하다(vn)
გათბობა	따뜻하게하다(vn)
გამოცდა	시험
განცვიფრება, გაოცება	놀라다(vn)
გასწორება	일어서다(vn)
გაფუჭება	고장나다(vn), 손상
გაქცევა	도망가다(vn), 탈출하다(vn)
გაღება	열기
გაღვიძება	잠에서 깨다, 일어나다(vn)
გაყინვა	얼다(vn)
გაყოფა	나누다
გაწმენდა	닦다
გემი	배
გემრიელად მირთმევა	맛있게 먹다
გზა	길, 방법
გზის დაკარგვა	길을 잃다
გლეხი	농부
გოგონა	소녀

გორაობა	굴러가다(vn)
გრძნობა	감정, 느낌
გული	심장
გულმოდგინედ	성실하게
გულშემატკივარი	팬
გურმანი	미식가

დ

და	언니, 누나, 여동생
დაბადება	출생, 태어나다(vn)
დაბადების დღე	생일
დაბერება	늙다(vn), 노화
დაგებული	깔려있는
დაგეგმვა	계획하다(vn)
დაგვიანება	늦다(vn)
დავალება	숙제
დალაგება	정리하다(vn)
დალევა	마시다
დამალვა	숨다(vn)
დანა	칼
დარგვა	심기
დარევა	공격
დარჩენა	머무르는 것, 남아 있는 것
დასხმა	붓다(vn)
დატკბობა	즐기다(vn)
დაფა	칠판
დაფენა	덮다, 쌓다(vn)
დაღლილი	피곤한
დაძინება	잠자다(vn)
დაწვა	타다, 태우다(vn)

დაწყება	시작하다(vn)
დედა	어머니
დედამიწა	지구
დედაქალაქი	수도
დევს	놓여있다
დისერტაცია	논문
დიშვილი	조카
დუღილი	끓다(vn)
დღე	날(日), 낮

ე

ეზო	마당
ეკლესია	교회
ენა	혀, 언어
ექიმი	의사
ეშინია	무서워하다
ეკლესია	교회

ვ

ვაზი	포도
ვარდი	장미
ვარსკვლავი	별
ვარჯიში	운동, 연습
ვაშლი	사과
ველოსიპედი	자전거

ზ

ზამთარი	겨울
ზაფხული	여름

ზევით	위로
ზიანის მიყენება	피해를 주는 것, 손해, 훼손, 손상
ზის	앉아있다
ზღვა	바다

თ

დასრულება	끝나다(vn)
თავი	머리
თავისუფლება	자유
თაიგული	꽃다발
თარჯიმანი	통역자
თბილისი	트빌리시
თვალი	눈(眼)
თვე	달(月)
თვითმფრინავი	비행기
თითი	손가락
თოვლი	눈(雪)
თოვს	눈이 온다

ი

იაპონური ენა	일본어
ინგლისი	영국
ინგლისური	영어
ინტერესი	관심
იშვიათი	드문, 희박한, 희귀한
იმედი	희망

კ

კაბა	드레스, 치마
კალამი	펜
კარგი	좋은
კატა	고양이
კაცი	남자
კეთება	하다(vn)
კეთილ	친절한
კერვა	바느질하다(vn)
კვერთხი	지팡이
კითხვა	읽다(vn)
კინოთეატრი	영화관
კისერი	목
კლასელი	동급생, 같은 반 친구
კმაყოფილი	만족하는
კონვერტი	봉투
კონკრეტულად	구체적으로
კორეა	한국
კორეული ენის განყოფილება	한국어학과
კოშკი	탑
კურსი	학년

ლ

ლამაზი	아름다운
ლეკვი	강아지
ლოდინი	기다림, 대기
ლაპარაკი	말하다(vn)

მ

მაგიდა	테이블, 책상
მაგისტრატურა	석사 학위
მადლობა ღმერთს	다행이다 (직역 - 하나님께 감사하다)
მამა	아버지
მანქანა	자동차
მარკა	우표, 상표
მასწავლებელი	선생님
მაღაზია	상점
მაღალი	높은
მაღალსართულიანი	고층 건물
მგელი	늑대
მგზავრი	행인, 승객
მეგობარი	친구
მეზობელი	이웃
მეორედ	두 번째로
მერხი	책상
მესამედ	세 번째로
მეტრო	지하철
მეფე	왕
მეცადინეობა	공부하다(vn)
მზე	태양
მთა	산
მითი	신화
მინდორი	들판, 들, 밭
მირთმევა	드리다, 주다(vn)
მისალოცი ბარათი	축하 카드
მიშველეთ	도와주다(명령형)
მიწის ამოთხრა	땅을 파다

მკურნალობა	치료 받다
მოკლე	짧은
მომზადება, მზადება	준비, 준비하다(VN)
მომღერალი	가수
მონა	노예
მონდომებით	열심히
მოსავალი	수확물
მოსვლა, მობრძანება	오다
მოსწავლე	학생
მოწონება	좋아하다(vn)
მოხდენა(რაიმესი)	(무언가) 어울리다
მსუბუქი	가벼운
მტერი	적
მუშაობა	일하다(vn)
მშვენიერი	아름다운
მშვიდად	조용히, 고요히, 침착하게
მცურავი, მოცურავე	수영하는 사람
მწვანე	녹색

ნ

ნაპირი	기슭, 해안
ნაძვის ხე	크리스마스 트리
ნოხი	러그(매트)

ო

ოცნება	꿈
ოთახი	방

პ

პალტო	코트
პარასკევი	금요일
პარკი	공원
პატრონი	소유자
პოვნა	찾다
პორტრეტი	초상화, 초상
პროფესია	직업
კარგად	잘

ჟ

ჟირაფი	기린
ჟოლო	산딸기

რ

რამდენიმე კვირა	몇 주
რამოდენიმე	몇 가지
რვეული	공책, 노트
რთული	어려운, 힘든
რუ	개울, 시내
რძე	우유

ს

საავადმყოფო	병원
საათი	시계, 시간
სადილი	식사
სავარჯიშო	연습

საზღვარგარეთი	해외
სათამაშოები	장난감(들)
საკმაოდ	상당히, 꽤
საკრედიტო ბარათი	신용 카드
სამშობლო	조국
სასწრაფოდ	급하게, 급히
საუკუნე	세기
საღამო	저녁
საჩუქარი	선물
საცოდავი	불쌍한
საძინებელი ოთახი	침실
საჭმელი	음식
სახლები	주택(들)
სახურავი	지붕
სემესტრი	학기
სიკვდილი	죽음
სიმღერა	노래
სიყვარული	사랑, 사랑하다(vn)
სიცივე	추위
სიცხე	더위
სკამი	의자
სკოლა	학교
სმა	마시다(vn)
სმენა	청각
სოკო	버섯
სოფელი	마을, 시골
სტუმარი	손님
სტუმრობა	방문하다(vn)
სურათი	그림
სუსტი	약한

სწავლა	공부
სწავლა	배우다(vn)
სწრაფად	빠르게, 서둘러
სხვა	다른

ტ

ტანსაცმელი	옷
ტელევიზორი	텔레비전
ტრამვაი	전차
ტყე	숲
ტყუილი	거짓말
ტირილი, ცრემლების დაღვრა	눈물을 흘리다(vn)

უ

უმწარესი	제일 쓴
უტკბესი	제일 달콤한
უფლება	권리
უშიშრად	두려움 없이, 용감하게
უცხო ენა	외국어
უგუნური	무모한, 신중하지 못한, 난폭한

ფ

ფანქარი	연필
ფარა	무리, 떼
ფარდა	커튼
ფართო	넓은
ფეხბურთელი	축구 선수
ფეხი	다리
ფეხსაცმელი	신발

ფილმი	영화
ფიქრი	생각, 사고
ფრენა	날다(vn), 비행
ფრინველი	새
ფული	돈
ფურცელი	종이
ფეხი	다리

ქ

ქალაქგარეთ	도시 밖
ქალაქელი	도시의, 도시인
ქალაქი	도시
ქალი	여자
ქარი	바람
ქვიშის სასახლე	모래 궁전
ქოლგა	우산
ქუდი	모자
ქულა	점수
ქუჩა	거리
ქუხილი	천둥치다(vn)

ღ

ღმერთი	하나님

ყ

ყელის გაშრობა	목이 마르다(vn)
ყვავილი	꽃
ყვითელი	노란색
ყიდვა	사다(vn)

| ყოჩაღად | 씩씩하게 |
| ყური | 귀 |

შ

შავი ფერი	검은 색
შარვალი	바지
შეგროვება	모으다(vn)
შეკერვა	재봉, 바느질
შემდეგ	다음에, 후에, 뒤에
შემოდგომა	가을
შემოწმება, გადამოწმება	확인
შესვენება	휴식, 브레이크 타임
შეშინებული	겁 먹은, 겁에 질린
შეცოდება	가여워하다, 동정하다(vn)
შეხედვა	쳐다보다(vn)
შეხვედრა	만나다(vn)
შეჯიბრი	대회, 경기
შველა	도움
შიმშილი	굶주림
შიში	무서워하다(vn)
შოკოლადი	초콜렛
შორს	멀리
შუადღე	오후
შურდული	새총, 슬링

ჩ

ჩაი	차
ჩანთა	가방
ჩაბარება	입학

ჩაცმა	차려 입다, 입다(vn)
ჩემი სახელი არის	나의 이름은
ჩემპიონატი	챔피언십
ჩინური ენა	중국어
ჩიტი	새
ჩუმად	조용히, 몰래
ჩუქება	선물하다(vn)

ც

ცეკვა	춤
ცოდნა	지식, 알다(vn)
ცრუპენტელა	거짓말쟁이
ცუდი	나쁜
ცურვა	수영
ცხენი	말
ცხვარი	양
ცხვირი	코
ცხოველები	동물(들)
ცხოვრება	삶, 생명, 생활, 살다(vn)

ძ

ძაღლი	개
ძველი	오래된
ძილი	잠
ძმა	형제, 남동생, 형, 오빠
ძმები	형제(들)
ძოვა	방목

წ

წარმატება	성공
წაღება	가져가다(vn)
წევს	누워있다(vn)
წელი	년(年)
წელი	허리
წერა	쓰다
წვეულება	파티
წვიმიანი ამინდი	비 오는 날씨
წვიმს	비가 온다
წიგნაკი	책자
წიგნი	책
წითელი	빨간색
წუთი	분(分)
წუხილი	걱정하다(vn)
წყალი	물

ჭ

ჭეშმარიტად	진심으로
ჭკვიანი	똑똑한
ჭამა	먹다(vn)
ჭურჭელი	그릇

ხ

ხალხმრავალი	붐비는, 가득 찬, 혼잡한
ხედვა, ნახვა, დანახვა, ხილვა	보다(vn)
ხეები	나무(들)
ხელი	손

ხვალ   내일
ხილი   과일

ჯ

ჯდომა   앉다(vn)
ჯიბე   포켓
ჯვარედინი გზა   교차로

ჰ

ჰაერი   공기

3. 동사 변화의 활용

〈동사변화〉 - 다양한 동사의 변화를 참조해보세요.

აშენება – to build (something)			
1 시리즈	스크리브	აწმყო 현재 직설법(pres. Indic)	
	인칭/수	sg	pl
	1	ვაშენებ (vasheneb)	ვაშენებთ (vashenebt)
	2	აშენებ (asheneb)	აშენებთ (ashenebt)
	3	აშენებს (ashenebs)	აშენებენ (asheneben)
	스크리브	უწყვეტელი 미완료 직설법(imperf. Indic)	
	인칭/수	sg	pl
	1	ვაშენებდი (vashenebdi)	ვაშენებდით (vashenebdit)
	2	აშენებდი (ashenebdi)	აშენებდით (ashenebdit)
	3	აშენებდა (ashenebda)	აშენებდნენ (ashenebden)
	스크리브	აწმყოს კავშირებითი 현재 가정법(pres. Subj)	
	인칭/수	sg	pl
	1	ვაშენებდე (vashenebde)	ვაშენებდეთ (vashenebdet)
	2	აშენებდე (ashenebde)	აშენებდეთ (ashenebdet)
	3	აშენებდეს (ashenebdes)	აშენებდნენ (ashenebden)
	스크리브	მყოფადი 미래 직설법(Fut. Indic.)	
	인칭/수	sg	pl
	1	ავაშენებ (avasheneb)	ავაშენებთ (avashenebt)

	2	ააშენებ (aasheneb)	ააშენებთ (aashenebt)
	3	ააშენებს (aashenebs)	ააშენებენ (aasheneben)
	스크리브	ხოლმეობითი 과거 조건법(Cond. Mood)	
	인칭/수	sg	pl
	1	ავაშენებდი (avashenebdi)	ავაშენებდით (avashenebdit)
	2	ააშენებდი (aashenebdi)	ააშენებდით (aashenebdit)
	3	ააშენებდა (aashenebda)	ააშენებდნენ (aashenebden)
	스크리브	მყოფადის კავშირებითი 미래 가정법(Fut. Subj)	
	인칭/수	sg	pl
	1	ავაშენებდე (avashenebde)	ავაშენებდეთ (avashenebdet)
	2	ააშენებდე (aashenebde)	ააშენებდეთ (aashenebdet)
	3	ააშენებდეს (aashenebdes)	ააშენებდნენ (aashenebden)
2 시리즈	스크리브	წყვეტილი (აორისტი) 부정과거 직설법(Aori. Indic)	
	인칭/수	sg	pl
	1	(ა)ვაშენე (a)vas'ene	(ა)ვაშენეთ (a)vas'enet
	2	(ა)აშენე (a)as'ene	(ა)აშენეთ (a)as'enet
	3	(ა)აშენა (a)as'ena	(ა)აშენეს (a)as'enes
	스크리브	II კავშირებითი 기원법(Opt. Mood)	
	인칭/수	sg	pl
	1	(ა)ვაშენო (a)vas'eno	(ა)ვაშენოთ (a)vas'enot
	2	(ა)აშენო (a)as'eno	(ა)აშენოთ (a)as'enot
	3	(ა)აშენოს (a)as'enos	(ა)აშენონ (a)as'enon
3 시리즈	스크리브	I თურმეობითი 완료 직설법(Perf. Indic)	
	인칭/수	sg	pl
	1	ამიშენებია (amishenebia)	აგვიშენებია (agvishenebia)
	2	აგიშენებია (agishenebia)	აგიშენებიათ (agishenebiat)
	3	აუშენებია (aushenebia)	აუშენებიათ (aushenebiat)

	스크리브	II თურმეობითი 과거 완료 직설법(Pluperf)	
	인칭/수	sg	pl
	1	ამეშენებინა (ameshenebina)	აგვეშენებინა (agveshenebina)
	2	აგეშენებინა (ageshenebina)	აგეშენებინათ (ageshenebinat)
	3	აეშენებინა (aeshshenebina)	აეშენებინათ (aeshshenebinat)
	스크리브	III კავშირებითი 완료 가정법(Perf. Subj)	
	인칭/수	sg	pl
	1	ამეშენებინოს (ameshenebinos)	აგვეშენებინოს (agveshenebinos)
	2	აგეშენებინოს (ageshenebinos)	აგეშენებინოთ (ageshenebinot)
	3	აეშენებინოს (aeshshenebinos)	აეშენებინოთ (aeshshenebinot)

გაბრაზება – to make (somebody) angry			
1 시리즈	스크리브	აწმყო 현재 직설법(pres. Indic)	
	인칭/수	sg	pl
	1	ვაბრაზებ (vabrazeb)	ვაბრაზებთ (vabrazebt)
	2	აბრაზებ (abrazeb)	აბრაზებთ (abrazebt)
	3	აბრაზებს (abrazebs)	აბრაზებენ (abrazeben)
	스크리브	უწყვეტელი 미완료 직설법(imperf. Indic)	
	인칭/수	sg	pl
	1	ვაბრაზებდი (vabrazebdi)	ვაბრაზებდით (vabrazebdit)
	2	აბრაზებდი (abrazebdi)	აბრაზებდით (abrazebdit)
	3	აბრაზებდა (abrazebda)	აბრაზებდნენ (abrazebden)
	스크리브	აწმყოს კავშირებითი 현재 가정법(pres. Subj)	
	인칭/수	sg	pl
	1	ვაბრაზებდე (vabrazebde)	ვაბრაზებდეთ (vabrazebdet)
	2	აბრაზებდე (abrazebde)	აბრაზებდეთ (abrazebdet)
	3	აბრაზებდეს (abrazebdes)	აბრაზებდნენ (abrazebden)

스크리브	მყოფადი 미래 직설법(Fut. Indic.)	
인칭/수	sg	pl
1	გავაბრაზებ (gavabrazeb)	გავაბრაზებთ (gavabrazebt)
2	გააბრაზებ (gaabrazeb)	გააბრაზებთ (gaabrazebt)
3	გააბრაზებს (gaabrazebs)	გააბრაზებენ (gaabrazeben)
스크리브	ხოლმეობითი 과거 조건법(Cond. Mood)	
인칭/수	sg	pl
1	გავაბრაზებდი (gavabrazebdi)	გავაბრაზებდით (gavabrazebdit)
2	გააბრაზებდი (gaabrazebdi)	გააბრაზებდით (gaabrazebdit)
3	გააბრაზებდა (gaabrazebda)	გააბრაზებდნენ (gaabrazebden)
스크리브	მყოფადის კავშირებითი 미래 가정법(Fut. Subj)	
인칭/수	sg	pl
1	გავაბრაზებდე (gavabrazebde)	გავაბრაზებდეთ (gavabrazebdet)
2	გააბრაზებდე (gaabrazebde)	გააბრაზებდეთ (gaabrazebdet)
3	გააბრაზებდეს (gaabrazebdes)	გააბრაზებდნენ (gaabrazebden)

2 시리즈

스크리브	წყვეტილი (აორისტი) 부정과거 직설법(Aori. Indic)	
인칭/수	sg	pl
1	(გა)ვაბრაზე (ga)vabraze	(გა)ვაბრაზეთ (ga)vabraze't
2	(გა)აბრაზე (ga)abraze	(გა)აბრაზეთ (ga)abraze't
3	(გა)აბრაზა (ga)abraz'a	(გა)აბრაზეს (ga)abraze's
스크리브	II კავშირებითი 기원법(Opt. Mood)	
인칭/수	sg	pl
1	(გა)ვაბრაზო (ga)vabrazo	(გა)ვაბრაზოთ (ga)vabrazo't
2	(გა)აბრაზო (ga)abrazo	(გა)აბრაზოთ (ga)abrazo't
3	(გა)აბრაზოს (ga)abraz'os	(გა)აბრაზონ (ga)abrazon

3 시 리 즈	스크리브	I თურმეობითი 완료 직설법(Perf. Indic)	
	인칭/수	sg	pl
	1	გამიბრაზებია (gamibrazebia)	გაგვიბრაზებია (gagvibrazebia)
	2	გაგიბრაზებია (gagibrazebia)	გაგიბრაზებიათ (gagibrazebiat)
	3	გაუბრაზებია (gaubrazebia)	გაუბრაზებიათ (gaubrazebiat)
	스크리브	II თურმეობითი 과거 완료 직설법(Pluperf)	
	인칭/수	sg	pl
	1	გამებრაზებინა (gamebrazebina)	გაგვებრაზებინა (gagvebrazebina)
	2	გაგებრაზებინა (gagebrazebina)	გაგებრაზებინათ (gagebrazebinat)
	3	გაებრაზებინა (gae'brazebina)	გაებრაზებინათ (gae'brazebinat)
	스크리브	III კავშირებითი 완료 가정법(Perf. Subj)	
	인칭/수	sg	pl
	1	გამებრაზებინოს (gamebrazebinos)	გაგვებრაზებინოს (gagvebrazebinos)
	2	გაგებრაზებინოს (gagebrazebinos)	გაგებრაზებინოთ (gagebrazebinot)
	3	გაებრაზებინოს (gae'brazebinos)	გაებრაზებინოთ (gae'brazebinot)

	გადაყლაპვა – to swallow (something)		
1 시 리 즈	스크리브	აწმყო 현재 직설법(pres. Indic)	
	인칭/수	sg	pl
	1	ვყლაპავ (vylapav)	ვყლაპავთ (vylapavt)
	2	ყლაპავ (ylapav)	ყლაპავთ (ylapavt)
	3	ყლაპავს (ylapavs)	ყლაპავენ (ylapaven)
	스크리브	უწყვეტელი 미완료 직설법(imperf. Indic)	
	인칭/수	sg	pl
	1	ვყლაპავდი (vylapavdi)	ვყლაპავდით (vylapavdit)

2	ყლაპავდი (ylapavdi)	ყლაპავდით (ylapavdit)
3	ყლაპავდა (ylapavda)	ყლაპავდნენ (ylapavdnen)
스크리브	აწმყოს კავშირებითი 현재 가정법(pres. Subj)	
인칭/수	sg	pl
1	ვყლაპავდე (vylapavde)	ვყლაპავდეთ (vylapavdet)
2	ყლაპავდე (ylapavde)	ყლაპავდეთ (ylapavdet)
3	ყლაპავდეს (ylapavdes)	ყლაპავდნენ (ylapavdnen)
스크리브	მყოფადი 미래 직설법(Fut. Indic.)	
인칭/수	sg	pl
1	გადავყლაპავ (gadavyklapav)	გადავყლაპავთ (gadavyklapavt)
2	გადაყლაპავ (gadakylapav)	გადაყლაპავთ (gadakylapavt)
3	გადაყლაპავს (gadakylapavs)	გადაყლაპავენ (gadakylapaven)
스크리브	ხოლმეობითი 과거 조건법(Cond. Mood)	
인칭/수	sg	pl
1	გადავყლაპავდი (gadavyklapavdi)	გადავყლაპავდით (gadavyklapavdit)
2	გადაყლაპავდი (gadakylapavdi)	გადაყლაპავდით (gadakylapavdit)
3	გადაყლაპავდა (gadakylapavda)	გადაყლაპავდნენ (gadakylapavdnen)
스크리브	მყოფადის კავშირებითი 미래 가정법(Fut. Subj)	
인칭/수	sg	pl
1	გადავყლაპავდე (gadavyklapavde)	გადავყლაპავდეთ (gadavyklapavdet)
2	გადაყლაპავდე (gadakylapavde)	გადაყლაპავდეთ (gadakylapavdet)
3	გადაყლაპავდეს (gadakylapavdes)	გადაყლაპავდნენ (gadakylapavdnen)

2 시 리 즈	스크리브	წყვეტილი (აორისტი) 부정과거 직설법(Aori. Indic)	
	인칭/수	sg	pl
	1	(გადა)ვყლაპე (gada)vqlape	(გადა)ვყლაპეთ (gada)vqlape't
	2	(გადა)ყლაპე (gada)qlape	(გადა)ყლაპეთ (gada)qlape't
	3	(გადა)ყლაპა (gada)qlapa	(გადა)ყლაპეს (gada)qlape's
	스크리브	II კავშირებითი 기원법(Opt. Mood)	
	인칭/수	sg	pl
	1	(გადა)ვყლაპო (gada)vqlapo	(გადა)ვყლაპოთ (gada)vqlapo't
	2	(გადა)ყლაპო (gada)qlapo	(გადა)ყლაპოთ (gada)qlapo't
	3	(გადა)ყლაპოს (gada)qlapos	(გადა)ყლაპონ (gada)qlapon
3 시 리 즈	스크리브	I თურმეობითი 완료 직설법(Perf. Indic)	
	인칭/수	sg	pl
	1	გადამიყლაპავს (gadamiq'lapaavs)	გადაგვიყლაპავს (gadagviq'lapaavs)
	2	გადაგიყლაპავს (gadagiq'lapaavs)	გადაგიყლაპავთ (gadagiq'lapaavt)
	3	გადაუყლაპავს (gadauq'lapaavs)	გადაუყლაპავთ (gadauq'lapaavt)
	스크리브	II თურმეობითი 과거 완료 직설법(Pluperf)	
	인칭/수	sg	pl
	1	გადამეყლაპა (gadamelyapa)	გადაგვეყლაპა (gadagekvlyapa)
	2	გადაგეყლაპა (gadageylyapa)	გადაგეყლაპათ (gadageylapat)
	3	გადაეყლაპა (gadaeylapa)	გადაეყლაპათ (gadaeylapat)
	스크리브	III კავშირებითი 완료 가정법(Perf. Subj)	
	인칭/수	sg	pl
	1	გადამეყლაპოს (gadamelyapos)	გადაგვეყლაპოს (gadagekvlyapos)
	2	გადაგეყლაპოს (gadageylyapos)	გადაგეყლაპოთ (gadageylapot)
	3	გადაეყლაპოს (gadaeylapaos)	გადაეყლაპოთ (gadaeylapot)

გაკეთება – to do (something)			
1 시리즈	스크리브	აწმყო 현재 직설법(pres. Indic)	
	인칭/수	sg	pl
	1	ვაკეთებ (vak'eteb)	ვაკეთებთ (vak'etebt)
	2	აკეთებ (ak'eteb)	აკეთებთ (ak'etebt)
	3	აკეთებს (ak'etebs)	აკეთებენ (ak'eteben)
	스크리브	უწყვეტელი 미완료 직설법(imperf. Indic)	
	인칭/수	sg	pl
	1	ვაკეთებდი (vak'etebdi)	ვაკეთებდით (vak'etebdit)
	2	აკეთებდი (ak'etebdi)	აკეთებდით (ak'etebdit)
	3	აკეთებდა (ak'etebda)	აკეთებდნენ (ak'etebden)
	스크리브	აწმყოს კავშირებითი 현재 가정법(pres. Subj)	
	인칭/수	sg	pl
	1	ვაკეთებდე (vak'etebde)	ვაკეთებდეთ (vak'etebdet)
	2	აკეთებდე (ak'etebde)	აკეთებდეთ (ak'etebdet)
	3	აკეთებდეს (ak'etebdes)	აკეთებდნენ (ak'etebdnen)
	스크리브	მყოფადი 미래 직설법(Fut. Indic.)	
	인칭/수	sg	pl
	1	გავაკეთებ (gavak'eteb)	გავაკეთებთ (gavak'etebt)
	2	გააკეთებ (gaak'eteb)	გააკეთებთ (gaak'etebt)
	3	გააკეთებს (gaak'etebs)	გააკეთებენ (gaak'eteben)
	스크리브	ხოლმეობითი 과거 조건법(Cond. Mood)	
	인칭/수	sg	pl
	1	გავაკეთებდი(gavak'etebdi)	გავაკეთებდით (gavak'etebdit)
	2	გააკეთებდი (gaak'etebdi)	გააკეთებდით (gaak'etebdit)
	3	გააკეთებდა (gaak'etebda)	გააკეთებდნენ (gaak'etebden)

시리즈	스크리브	მყოფადის კავშირებითი 미래 가정법(Fut. Subj)	
	인칭/수	sg	pl
	1	გავაკეთებდე (gavak'etebde)	გავაკეთებდეთ (gavak'etebdet)
	2	გააკეთებდე (gaak'etebde)	გააკეთებდეთ (gaak'etebdet)
	3	გააკეთებდეს(gaak'etebdes)	გააკეთებდნენ (gaak'etebdnen)
2 시리즈	스크리브	წყვეტილი (აორისტი) 부정과거 직설법(Aori. Indic)	
	인칭/수	sg	pl
	1	(გა)ვაკეთე (ga)vak'ete	(გა)ვაკეთეთ (ga)vak'ete't
	2	(გა)აკეთე (ga)ak'ete	(გა)აკეთეთ (ga)ak'ete't
	3	(გა)აკეთა (ga)ak'eta	(გა)აკეთეს (ga)ak'ete's
	스크리브	II კავშირებითი 기원법(Opt. Mood)	
	인칭/수	sg	pl
	1	(გა)ვაკეთო (ga)vak'eto	(გა)ვაკეთოთ (ga)vak'eto't
	2	(გა)აკეთო (ga)ak'eto	(გა)აკეთოთ (ga)ak'eto't
	3	(გა)აკეთოს (ga)ak'etos	(გა)აკეთონ (ga)ak'eton
3 시리즈	스크리브	I თურმეობითი 완료 직설법(Perf. Indic)	
	인칭/수	sg	pl
	1	გამიკეთებია (gamiketebia)	გაგვიკეთებია (gagvik'etebia)
	2	გაგიკეთებია (gagiketebia)	გაგიკეთებიათ (gagiketebiat)
	3	გაუკეთებია (gauk'etebia)	გაუკეთებიათ (gauketebiat)
	스크리브	II თურმეობითი 과거 완료 직설법(Pluperf)	
	인칭/수	sg	pl
	1	გამეკეთებინა (gameketebina)	გაგვეკეთებინა (gageketebina)
	2	გაგეკეთებინა (gageketebina)	გაგეკეთებინათ (gageketebinat)
	3	გაეკეთებინა (gaeketebina)	გაეკეთებინათ (gaeketebinat)
	스크리브	III კავშირებითი 완료 가정법(Perf. Subj)	

인칭/수	sg	pl
1	გამეკეთებინოს (gameketebinos)	გაგვეკეთებინოს (gageketebinos)
2	გაგეკეთებინოს (gageketebinos)	გაგეკეთებინოთ (gageketebinot)
3	გაეკეთებინოს (gaeketebinos)	გაეკეთებინოთ (gaeketebinot)

გარეცხვა – to wash (something)			
1 시리즈	스크리브	აწმყო 현재 직설법(pres. Indic)	
	인칭/수	sg	pl
	1	ვრეცხავ (vretskhav)	ვრეცხავთ (vretskhavt)
	2	რეცხავ (retskhav)	რეცხავთ (retskhavt)
	3	რეცხავს (retskhavs)	რეცხავენ (retskhaven)
	스크리브	უწყვეტელი 미완료 직설법(imperf. Indic)	
	인칭/수	sg	pl
	1	ვრეცხავდი (vretskhavdi)	ვრეცხავდით (vretskhavdit)
	2	რეცხავდი (retskhavdi)	რეცხავდით (retskhavdit)
	3	რეცხავდა (retskhavda)	რეცხავდნენ (retskhavdnen)
	스크리브	აწმყოს კავშირებითი 현재 가정법(pres. Subj)	
	인칭/수	sg	pl
	1	ვრეცხავდე (vretskhavde)	ვრეცხავდეთ (vretskhavdet)
	2	რეცხავდე (retskhavde)	რეცხავდეთ (retskhavdet)
	3	რეცხავდეს (retskhavdes)	რეცხავდნენ (retskhavdnen)
	스크리브	მყოფადი 미래 직설법(Fut. Indic.)	
	인칭/수	sg	pl
	1	გავრეცხავ (gavretskhav)	გავრეცხავთ (gavretskhavt)

	2	გარეცხავ (garetskhav)	გარეცხავთ (garetskhavt)
	3	გარეცხავს (garetskhavs)	გარეცხავენ (garetskhaven)
	스크리브	ხოლმეობითი 과거 조건법(Cond. Mood)	
	인칭/수	sg	pl
	1	გავრეცხავდი(gavretskhavdi)	გავრეცხავდით (gavretskhavdit)
	2	გარეცხავდი (garetskhavdi)	გარეცხავდით (garetskhavdit)
	3	გარეცხავდა (garetskhavda)	გარეცხავდნენ (garetskhavdnen)
	스크리브	მყოფადის კავშირებითი 미래 가정법(Fut. Subj)	
	인칭/수	sg	pl
	1	გავრეცხავდე(gavretskhavde)	გავრეცხავდეთ (gavretskhavdet)
	2	გარეცხავდე (garetskhavde)	გარეცხავდეთ (garetskhavdet)
	3	გარეცხავდეს(garetskhavdes)	გარეცხავდნენ (garetskhavdnen)
2 시리즈	스크리브	წყვეტილი (აორისტი) 부정과거 직설법(Aori. Indic)	
	인칭/수	sg	pl
	1	(გა)ვრეცხე (ga)vretse	(გა)ვრეცხეთ (ga)vretse't
	2	(გა)რეცხე (ga)retse	(გა)რეცხეთ (ga)retse't
	3	(გა)რეცხა (ga)retsa	(გა)რეცხეს (ga)retse's
	스크리브	II კავშირებითი 기원법(Opt. Mood)	
	인칭/수	sg	pl
	1	(გა)ვრეცხო (ga)vretso	(გა)ვრეცხოთ (ga)vretso't
	2	(გა)რეცხო (ga)retso	(გა)რეცხოთ (ga)retso't
	3	(გა)რეცხოს (ga)retson	(გა)რეცხონ (ga)retson
3 시리즈	스크리브	I თურმეობითი 완료 직설법(Perf. Indic)	
	인칭/수	sg	pl
	1	გამირეცხავს (gamiretsqavs)	გაგვირეცხავს (gagviretsqavs)
	2	გაგირეცხავს (gagiretsqavs)	გაგირეცხავთ (gagiretsqavt)

3	გაურეცხავს (gautoretsqavs)	გაურეცხავთ (gauretsqavt)
스크리브	II თურმეობითი 과거 완료 직설법(Pluperf)	
인칭/수	sg	pl
1	გამერეცხა (gamertsq'a)	გაგვერეცხა (gagvertsq'a)
2	გაგერეცხა (gagertsq'a)	გაგერეცხათ (gagertsq'at)
3	გაერეცხა (gaertsq'a)	გაერეცხათ (gaertsq'at)
스크리브	III კავშირებითი 완료 가정법(Perf. Subj)	
인칭/수	sg	pl
1	გამერეცხოს (gamertsq'os)	გაგვერეცხოს (gagvertsq'os)
2	გაგერეცხოს (gagertsq'os)	გაგერეცხოთ (gagertsq'ot)
3	გაერეცხოს (gaertsq'os)	გაერეცხოთ (gaertsq'ot)

გატეხა – to break (something)			
1 시리즈	스크리브	აწმყო 현재 직설법(pres. Indic)	
	인칭/수	sg	pl
	1	ვტეხ (vtekh)	ვტეხთ (vtekht)
	2	ტეხ (tekh)	ტეხთ (tekht)
	3	ტეხს (tekhs)	ტეხენ (tekhen)
	스크리브	უწყვეტელი 미완료 직설법(imperf. Indic)	
	인칭/수	sg	pl
	1	ვტეხდი (vtekhdi)	ვტეხდით (vtekhdit)
	2	ტეხდი (tekhdi)	ტეხდით (tekhdit)
	3	ტეხდა (tekhda)	ტეხდნენ (tekhden)
	스크리브	აწმყოს კავშირებითი 현재 가정법(pres. Subj)	
	인칭/수	sg	pl
	1	ვტეხდე (vtekhde)	ვტეხდეთ (vtekhdet)

	2	ტეხდე (tekhde)	ტეხდეთ (tekhdet)
	3	ტეხდეს (tekhdes)	ტეხდნენ (tekhden)
	스크리브	მყოფადი 미래 직설법(Fut. Indic.)	
	인칭/수	sg	pl
	1	გავტეხ (gavtekh)	გავტეხთ (gavtekht)
	2	გატეხ (gatekh)	გატეხთ (gatekht)
	3	გატეხს (gatekhs)	გატეხავენ (gatekhen)
	스크리브	ხოლმეობითი 과거 조건법(Cond. Mood)	
	인칭/수	sg	pl
	1	გავტეხდი (gavtekhdi)	გავტეხდით (gavtekhdit)
	2	გატეხდი (gatekhdi)	გატეხდით (gatekhdit)
	3	გატეხავდა (gatekhda)	გატეხავდნენ (gatekhden)
	스크리브	მყოფადის კავშირებითი 미래 가정법(Fut. Subj)	
	인칭/수	sg	pl
	1	გავტეხდე (gavtekhde)	გავტეხდეთ (gavtekhdet)
	2	გატეხდე (gatekhde)	გატეხდეთ (gatekhdet)
	3	გატეხდეს (gatekhdes)	გატეხავდენ (gatekhden)
2 시리즈	스크리브	წყვეტილი (აორისტი) 부정과거 직설법(Aori. Indic)	
	인칭/수	sg	pl
	1	(გა)ვტეხე (ga)vtexe	(გა)ვტეხეთ (ga)vtexe't
	2	(გა)ტეხე (ga)texe	(გა)ტეხეთ (ga)texe't
	3	(გა)ტეხა (ga)texa	(გა)ტეხეს (ga)texe's
	스크리브	II კავშირებითი 기원법(Opt. Mood)	
	인칭/수	sg	pl
	1	(გა)ვტეხო (ga)vtexo	(გა)ვტეხოთ (ga)vtexo't
	2	(გა)ტეხო (ga)texo	(გა)ტეხოთ (ga)texo't

	3	(გა)ტეხოს (ga)texos	(გა)ტეხონ (ga)texon
3 시리즈	스크리브	I თურმეობითი 완료 직설법(Perf. Indic)	
	인칭/수	sg	pl
	1	გამიტეხია (gamitexia)	გაგვიტეხია (gagvitexia)
	2	გაგიტეხია (gagitexia)	გაგიტეხიათ (gagitexiat)
	3	გაუტეხია (gautexia)	გაუტეხიათ (gautexiat)
	스크리브	II თურმეობითი 과거 완료 직설법(Pluperf)	
	인칭/수	sg	pl
	1	გამეტეხა (gametexa)	გაგვეტეხა (gagvetexa)
	2	გაგეტეხა (gagetexa)	გაგეტეხათ (gagetexat)
	3	გაეტეხა (gaetexa)	გაეტეხათ (gaetexat)
	스크리브	III კავშირებითი 완료 가정법(Perf. Subj)	
	인칭/수	sg	pl
	1	გამეტეხოს (gametexos)	გაგვეტეხოს (gagvetexos)
	2	გაგეტეხოს (gagetexos)	გაგეტეხოთ (gagetexot)
	3	გაეტეხოს (gaetexos)	გაეტეხოთ (gaetexot)

გაფლანგვა - to spend/waste (something)			
1 시리즈	스크리브	აწმყო 현재 직설법(pres. Indic)	
	인칭/수	sg	pl
	1	ვფლანგავ (vflangav)	ვფლანგავთ (vflangavt)
	2	ფლანგავ (flangav)	ფლანგავთ (flangavt)
	3	ფლანგავს (flangavs)	ფლანგავენ (flangaven)
	스크리브	უწყვეტელი 미완료 직설법(imperf. Indic)	
	인칭/수	sg	pl
	1	ვფლანგავდი (vflangavdi)	ვფლანგავდით (vflangavdit)

	2	ფლანგავდი (flangavdi)	ფლანგავდით (flangavdit)
	3	ფლანგავდა (flangavda)	ფლანგავდნენ (flangavden)
스크리브		აწმყოს კავშირებითი 현재 가정법(pres. Subj)	
인칭/수		sg	pl
	1	ვფლანგავდე (vflangavde)	ვფლანგავდეთ (vflangavdet)
	2	ფლანგავდე (flangavde)	ფლანგავდეთ (flangavdet)
	3	ფლანგავდეს (flangavdes)	ფლანგავდნენ (flangavdnen)
스크리브		მყოფადი 미래 직설법(Fut. Indic.)	
인칭/수		sg	pl
	1	გავფლანგავ (gavflangav)	გავფლანგავთ (gavflangavt)
	2	გაფლანგავ (gaflangav)	გაფლანგავთ (gaflangavt)
	3	გაფლანგავს (gaflangavs)	გაფლანგავენ (gaflangaven)
스크리브		ხოლმეობითი 과거 조건법(Cond. Mood)	
인칭/수		sg	pl
	1	გავფლანგავდი (gavflangavdi)	გავფლანგავდით (gavflangavdit)
	2	გაფლანგავდი (gaflangavdi)	გაფლანგავდით (gaflangavdit)
	3	გაფლანგავდა (gaflangavda)	გაფლანგავდნენ (gaflangavden)
스크리브		მყოფადის კავშირებითი 미래 가정법(Fut. Subj)	
인칭/수		sg	pl
	1	გავფლანგავდე(gavflangavde)	გავფლანგავდეთ (gavflangavdet)
	2	გაფლანგავდე (gaflangavde)	გაფლანგავდეთ (gaflangavdet)
	3	გაფლანგავდეს(gaflangavdes)	გაფლანგავდნენ (gaflangavden)
2 시 리 즈	스크리브	წყვეტილი (აორისტი) 부정과거 직설법(Aori. Indic)	
	인칭/수	sg	pl
	1	(გა)ვფლანგე (ga)vflange	(გა)ვფლანგეთ (ga)vflange't
	2	(გა)ფლანგე (ga)flange	(გა)ფლანგეთ (ga)flange't

3	(გა)ფლანგა (ga)flanga	(გა)ფლანგეს (ga)flange's

스크리브	II კავშირებითი 기원법(Opt. Mood)	
인칭/수	sg	pl
1	(გა)ვფლანგო (ga)vflango	(გა)ვფლანგოთ (ga)vflango't
2	(გა)ფლანგო (ga)flango	(გა)ფლანგოთ (ga)flango't
3	(გა)ფლანგოს (ga)flangos	(გა)ფლანგონ (ga)flangon

3시리즈	스크리브	I თურმეობითი 완료 직설법(Perf. Indic)	
	인칭/수	sg	pl
	1	გამიფლანგავს (gamiphlangavs)	გაგვიფლანგავს (gagviphlandgavs)
	2	გაგიფლანგავს (gagiphlangavs)	გაგიფლანგავთ (gagiphlangavt)
	3	გაუფლანგავს (gauphlangavs)	გაუფლანგავთ (gauphlangavt)
	스크리브	II თურმეობითი 과거 완료 직설법(Pluperf)	
	인칭/수	sg	pl
	1	გამეფლანგა (gamephlanga)	გაგვეფლანგა (gagephlanga)
	2	გაგეფლანგა (gagephlanga)	გაგეფლანგათ (gagephlangat)
	3	გაეფლანგა (gaephlanga)	გაეფლანგათ (gaephlangat)
	스크리브	III კავშირებითი 완료 가정법(Perf. Subj)	
	인칭/수	sg	pl
	1	გამეფლანგოს (gamephlangos)	გაგვეფლანგოს (gagephlangos)
	2	გაგეფლანგოს (gagephlangos)	გაგეფლანგოთ (gagephlangot)
	3	გაეფლანგოს (gaephlangos)	გაეფლანგოთ (gaephlangot)

გაღვიძება – to wake (somebody) up

1시리즈	스크리브	აწმყო 현재 직설법(pres. Indic)	
	인칭/수	sg	pl
	1	ვაღვიძებ (vaghvizeb)	ვაღვიძებთ (vaghvizebt)
	2	აღვიძებ (aghvizeb)	აღვიძებთ (aghvizebt)

3	აღვიძებს (aghvizebs)	აღვიძებენ (aghvizeben)

스크리브	უწყვეტელი 미완료 직설법(imperf. Indic)	
인칭/수	sg	pl
1	ვაღვიძებდი (vaghvizebdi)	ვაღვიძებდით (vaghvizebdit)
2	აღვიძებდი (aghvizebdi)	აღვიძებდით (aghvizebdit)
3	აღვიძებდა (aghvizebda)	აღვიძებდნენ (aghvizebden)

스크리브	აწმყოს კავშირებითი 현재 가정법(pres. Subj)	
인칭/수	sg	pl
1	ვაღვიძებდე (vaghvizebde)	ვაღვიძებდეთ (vaghvizebdet)
2	აღვიძებდე (aghvizebde)	აღვიძებდეთ (aghvizebdet)
3	აღვიძებდეს (aghvizebdes)	აღვიძებდნენ (aghvizebden)

스크리브	მყოფადი 미래 직설법(Fut. Indic.)	
인칭/수	sg	pl
1	გავაღვიძებ (gavaghvizeb)	გავაღვიძებთ (gavaghvizebt)
2	გააღვიძებ (gaaghvizeb)	გააღვიძებთ (gaaghvizebt)
3	გააღვიძებს (gaaghvizebs)	გააღვიძებენ (gaaghvizeben)

스크리브	ხოლმეობითი 과거 조건법(Cond. Mood)	
인칭/수	sg	pl
1	გავაღვიძებდი(gavaghvizebdi)	გავაღვიძებდით (gavaghvizebdit)
2	გააღვიძებდი (gaaghvizebdi)	გააღვიძებდით (gaaghvizebdit)
3	გააღვიძებდა (gaaghvizebda)	გააღვიძებდნენ (gaaghvizebden)

스크리브	მყოფადის კავშირებითი 미래 가정법(Fut. Subj)	
인칭/수	sg	pl
1	გავაღვიძებდე(gavaghvizebde)	გავაღვიძებდეთ (gavaghvizebdet)

	2	გაალღვიძებდე (gaaghvizebde)	გაალღვიძებდეთ (gaaghvizebdet)
	3	გაალღვიძებდეს (gaaghvizebdes)	გაალღვიძებდნენ (gaaghvizebden)
2 시리즈	스크리브	წყვეტილი (აორისტი) 부정과거 직설법(Aori. Indic)	
	인칭/수	sg	pl
	1	(გა)ვაღვიძე (ga)vaghvide	(გა)ვაღვიძეთ (ga)vaghvide't
	2	(გა)აღვიძე (ga)aghvide	(გა)აღვიძეთ (ga)aghvide't
	3	(გა)აღვიძა (ga)aghviza	(გა)აღვიძეს (ga)aghvide's
	스크리브	II კავშირებითი 기원법(Opt. Mood)	
	인칭/수	sg	pl
	1	(გა)ვაღვიძო (ga)vaghvizo	(გა)ვაღვიძოთ (ga)vaghvizo't
	2	(გა)აღვიძო (ga)aghvizo	(გა)აღვიძოთ (ga)aghvizo't
	3	(გა)აღვიძოს (ga)aghvizos	(გა)აღვიძონ (ga)aghvizon
3 시리즈	스크리브	I თურმეობითი 완료 직설법(Perf. Indic)	
	인칭/수	sg	pl
	1	გამიღვიძებია (gamiaghvidzebia)	გაგვიღვიძებია (gagviaghvidzebia)
	2	გაგიღვიძებია (gagiaghvidzebia)	გაგიღვიძებიათ (gagiaghvidzebiat)
	3	გაუღვიძებია (gauiaghvidzebia)	გაუღვიძებიათ (gauiaghvidzebiat)
	스크리브	II თურმეობითი 과거 완료 직설법(Pluperf)	
	인칭/수	sg	pl
	1	გამეღვიძებინა (gameaghvidzebina)	გაგვეღვიძებინა (gageaghvidzebina)
	2	გაგეღვიძებინა (gageaghvidzebina)	გაგეღვიძებინათ (gageaghvidzebinat)
	3	გაეღვიძებინა (gaeaghvidzebina)	გაეღვიძებინათ (gaeaghvidzebinat)
	스크리브	III კავშირებითი 완료 가정법(Perf. Subj)	
	인칭/수	sg	pl

	1	გამეღვიძებინოს (gameaghvidzebinos)	გაგვეღვიძებინოს (gageaghvidzebinos)
	2	გაგეღვიძებინოს (gageaghvidzebinos)	გაგეღვიძებინოთ (gageaghvidzebinot)
	3	გაეღვიძებინოს (gaeaghvidzebinos)	გაეღვიძებინოთ (gaeaghvidzebinot)

დაბანა – to wash (somebody)			
1 시리즈	스크리브	აწმყო 현재 직설법(pres. Indic)	
	인칭/수	sg	pl
	1	ვბან (vban)	ვბანთ (vbant)
	2	ბან (ban)	ბანთ (bant)
	3	ბანს (bans)	ბანენ (banen)
	스크리브	უწყვეტელი 미완료 직설법(imperf. Indic)	
	인칭/수	sg	pl
	1	ვბანდი (vb'andi)	ვბანდით (vb'andit)
	2	ბანდი (b'andi)	ბანდით (b'andit)
	3	ბანდა (b'anda)	ბანდნენ (b'andnen)
	스크리브	აწმყოს კავშირებითი 현재 가정법(pres. Subj)	
	인칭/수	sg	pl
	1	ვბანდე (vb'ande)	ვბანდეთ (vb'andet)
	2	ბანდე (b'ande)	ბანდეთ (b'andet)
	3	ბანდეს (b'andes)	ბანდნენ (b'andnen)
	스크리브	მყოფადი 미래 직설법(Fut. Indic.)	
	인칭/수	sg	pl
	1	დავბან (davban)	დავბანთ (davbant)
	2	დაბან (daban)	დაბანთ (dabant)

	3	დაბანს (dabans)	დაბანენ (dab'anen)
	스크리브	ხოლმეობითი 과거 조건법(Cond. Mood)	
	인칭/수	sg	pl
	1	დავბანდი (davb'andi)	დავბანდით (davb'andit)
	2	დაბანდი (dab'andi)	დაბანდით (dab'andit)
	3	დაბანდა (dab'anda)	დაბანდნენ (dab'andnen)
	스크리브	მყოფადის კავშირებითი 미래 가정법(Fut. Subj)	
	인칭/수	sg	pl
	1	დავბანდე (davb'ande)	დავბანდეთ (davb'andet)
	2	დაბანდე (dab'ande)	დაბანდეთ (dab'andet)
	3	დაბანდეს (dab'andes)	დაბანდნენ (dab'andnen)
2 시리즈	스크리브	წყვეტილი (აორისტი) 부정과거 직설법(Aori. Indic)	
	인칭/수	sg	pl
	1	(და)ვბანე (da)vban'e	(და)ვბანეთ (da)vban'et
	2	(და)ბანე (da)ban'e	(და)ბანეთ (da)ban'et
	3	(და)ბანა (da)bana	(და)ბანეს (da)ban'es
	스크리브	II კავშირებითი 기원법(Opt. Mood)	
	인칭/수	sg	pl
	1	(და)ვბანო (da)vban'o	(და)ვბანოთ (da)vban'ot
	2	(და)ბანო (da)ban'o	(და)ბანოთ (da)ban'ot
	3	(და)ბანოს (da)ban'os	(და)ბანონ (da)ban'on
3 시리즈	스크리브	I თურმეობითი 완료 직설법(Perf. Indic)	
	인칭/수	sg	pl
	1	დამიბანია (damiban'ia)	დაგვიბანია (dagviban'ia)
	2	დაგიბანია (dagiban'ia)	დაგიბანიათ (dagiban'iat)
	3	დაუბანია (dauban'ia)	დაუბანიათ (dauban'iat)

	스크리브	II თურმეობითი 과거 완료 직설법(Pluperf)	
	인칭/수	sg	pl
	1	დამებანა (damebana)	დაგვებანა (dagebana)
	2	დაგებანა (dagebana)	დაგებანათ (dagebanat)
	3	დაებანა (daebana)	დაებანათ (daebanat)
	스크리브	III კავშირებითი 완료 가정법(Perf. Subj)	
	인칭/수	sg	pl
	1	დამებანოს (damebanos)	დაგვებანოს (dagebanos)
	2	დაგებანოს (dagebanos)	დაგებანოთ (dagebanot)
	3	დაებანოს (daebanos)	დაებანოთ (daebanot)

დათესვა – to sow (something)			
1 시리즈	스크리브	აწმყო 현재 직설법(pres. Indic)	
	인칭/수	sg	pl
	1	ვთესავ (vtesav)	ვთესავთ (vtesavt)
	2	თესავ (tesav)	თესავთ (tesavt)
	3	თესავს (tesavs)	თესავენ (tesaven)
	스크리브	უწყვეტელი 미완료 직설법(imperf. Indic)	
	인칭/수	sg	pl
	1	ვთესავდი (vtesavdi)	ვთესავდით (vtesavdit)
	2	თესავდი (tesavdi)	თესავდით (tesavdit)
	3	თესავდა (tesavda)	თესავდნენ (tesavden)
	스크리브	აწმყოს კავშირებითი 현재 가정법(pres. Subj)	
	인칭/수	sg	pl
	1	ვთესავდე (vtesavde)	ვთესავდეთ (vtesavdet)
	2	თესავდე (tesavde)	თესავდეთ (tesavdet)

	3	თესავდეს (tesavdes)	თესავდნენ (tesavden)
	스크리브	მყოფადი 미래 직설법(Fut. Indic.)	
	인칭/수	sg	pl
	1	დავთესავ (davtesav)	დავთესავთ (davtesavt)
	2	დათესავ (datesav)	დათესავთ (datesavt)
	3	დათესავს (datesavs)	დათესავენ (datesaven)
	스크리브	ხოლმეობითი 과거 조건법(Cond. Mood)	
	인칭/수	sg	pl
	1	დავთესავდი (davtesavdi)	დავთესავდით (davtesavdit)
	2	დათესავდი (datesavdi)	დათესავდით (datesavdit)
	3	დათესავდა (datesavda)	დათესავდნენ (datesavden)
	스크리브	მყოფადის კავშირებითი 미래 가정법(Fut. Subj)	
	인칭/수	sg	pl
	1	დავთესავდე (davtesavde)	დავთესავდეთ (davtesavdet)
	2	დათესავდე (datesavde)	დათესავდეთ (datesavdet)
	3	დათესავდეს (datesavdes)	დათესავდნენ (datesavden)
2 시리즈	스크리브	წყვეტილი (აორისტი) 부정과거 직설법(Aori. Indic)	
	인칭/수	sg	pl
	1	(და)ვთესე (da)vtese	(და)ვთესეთ (da)vteset
	2	(და)თესე (da)tese	(და)თესეთ (da)teset
	3	(და)თესა (da)tesa	(და)თესეს (da)teses
	스크리브	II კავშირებითი 기원법(Opt. Mood)	
	인칭/수	sg	pl
	1	(და)ვთესო (da)vtso	(და)ვთესოთ (da)vtso't
	2	(და)თესო (da)tso	(და)თესოთ (da)tso't
	3	(და)თესოს (da)tsos	(და)თესონ (da)tson

3 시리즈	스크리브	I თურმეობითი 완료 직설법(Perf. Indic)	
	인칭/수	sg	pl
	1	დამითესავს (damitesavs)	დაგვითესავს (dagvitesavs)
	2	დაგითესავს (dagitesavs)	დაგითესავთ (dagitesavt)
	3	დაუთესავს (dautesavs)	დაუთესავთ (dautesavt)
	스크리브	II თურმეობითი 과거 완료 직설법(Pluperf)	
	인칭/수	sg	pl
	1	დამეთესა (damet'esa)	დაგვეთესა (dagvet'esa)
	2	დაგეთესა (daget'esa)	დაგეთესათ (daget'esat)
	3	დაეთესა (daet'esa)	დაეთესათ (daet'esat)
	스크리브	III კავშირებითი 완료 가정법(Perf. Subj)	
	인칭/수	sg	pl
	1	დამეთესოს (damet'esos)	დაგვეთესოს (dagvet'esos)
	2	დაგეთესოს (daget'esos)	დაგეთესოთ (daget'esot)
	3	დაეთესოს (daet'esos)	დაეთესოთ (daet'esot)

	დაკეცვა – to fold (something)		
1 시리즈	스크리브	აწმყო 현재 직설법(pres. Indic)	
	인칭/수	sg	pl
	1	ვკეცავ (vketsav)	ვკეცავთ (vketsavt)
	2	კეცავ (ketsav)	კეცავთ (ketsavt)
	3	კეცავს (ketsavs)	კეცავენ (ketsaven)
	스크리브	უწყვეტელი 미완료 직설법(imperf. Indic)	
	인칭/수	sg	pl
	1	ვკეცავდი (vketsavdi)	ვკეცავდით (vketsavdit)
	2	კეცავდი (ketsavdi)	კეცავდით (ketsavdit)

	3	კეცავდა (ketsavda)	კეცავდნენ (ketsavden)
	스크리브	აწმყოს კავშირებითი 현재 가정법(pres. Subj)	
	인칭/수	sg	pl
	1	ვკეცავდე (vketsavde)	ვკეცავდეთ (vketsavdet)
	2	კეცავდე (ketsavde)	კეცავდეთ (ketsavdet)
	3	კეცავდეს (ketsavdes)	კეცავდნენ (ketsavden)
	스크리브	მყოფადი 미래 직설법(Fut. Indic.)	
	인칭/수	sg	pl
	1	დავკეცავ (davketsav)	დავკეცავთ (davketsavt)
	2	დაკეცავ (daketsav)	დაკეცავთ (daketsavt)
	3	დაკეცავს (daketsavs)	დაკეცავენ (daketsaven)
	스크리브	ხოლმეობითი 과거 조건법(Cond. Mood)	
	인칭/수	sg	pl
	1	დავკეცავდი (davketsavdi)	დავკეცავდით (davketsavdit)
	2	დაკეცავდი (daketsavdi)	დაკეცავდით (daketsavdit)
	3	დაკეცავდა (daketsavda)	დაკეცავდნენ (daketsavden)
	스크리브	მყოფადის კავშირებითი 미래 가정법(Fut. Subj)	
	인칭/수	sg	pl
	1	დავკეცავდე (davketsavde)	დავკეცავდეთ (davketsavdet)
	2	დაკეცავდე (daketsavde)	დაკეცავდეთ (daketsavdet)
	3	დაკეცავდეს (daketsavdes)	დაკეცავდნენ (daketsavden)
2 시리즈	스크리브	წყვეტილი (აორისტი) 부정과거 직설법(Aori. Indic)	
	인칭/수	sg	pl
	1	(და)ვკეცე (da)vk'et'se	(და)ვკეცეთ (da)vk'et'set
	2	(და)კეცე (da)k'et'se	(და)კეცეთ (da)k'et'set
	3	(და)კეცა (da)k'et'sa	(და)კეცეს (da)k'et'ses

	스크리브	II კავშირებითი 기원법(Opt. Mood)	
	인칭/수	sg	pl
	1	(და)ვკეცო (da)vk'et'so	(და)ვკეცოთ (da)vk'et'sot
	2	(და)კეცო (da)k'et'so	(და)კეცოთ (da)k'et'sot
	3	(და)კეცოს (da)k'et'sos	(და)კეცონ (da)k'et'son
3 시리즈	스크리브	I თურმეობითი 완료 직설법(Perf. Indic)	
	인칭/수	sg	pl
	1	დამიკეცავს (damiketsav's)	დაგვიკეცავს (dagviketsav's)
	2	დაგიკეცავს (dagiketsav's)	დაგიკეცავთ (dagiketsav't)
	3	დაუკეცავს (dauketsav's)	დაუკეცავთ (dauketsav't)
	스크리브	II თურმეობითი 과거 완료 직설법(Pluperf)	
	인칭/수	sg	pl
	1	დამეკეცა (damekets'a)	დაგვეკეცა (dagvekets'a)
	2	დაგეკეცა (dagekets'a)	დაგეკეცათ (dagekets'at)
	3	დაეკეცა (daekets'a)	დაეკეცათ (daekets'at)
	스크리브	III კავშირებითი 완료 가정법(Perf. Subj)	
	인칭/수	sg	pl
	1	დამეკეცოს (damekets'os)	დაგვეკეცოს (dagvekets'os)
	2	დაგეკეცოს (dagekets'os)	დაგეკეცოთ (dagekets'ot)
	3	დაეკეცოს (daekets'os)	დაეკეცოთ (daekets'ot)

დამალვა – to hide (something)			
1 시리즈	스크리브	აწმყო 현재 직설법(pres. Indic)	
	인칭/수	sg	pl
	1	ვმალავ (vmalav	ვმალავთ (vmalavt)
	2	მალავ (malav)	მალავთ (malavt)

3	მალავს (malavs)	მალავენ (malaven)
스크리브	უწყვეტელი 미완료 직설법(imperf. Indic)	
인칭/수	sg	pl
1	ვმალავდი (vmalavdi)	ვმალავდით (vmalavdit)
2	მალავდი (malavdi)	მალავდით (malavdit)
3	მალავდა (malavda)	მალავდნენ (malavdnen)
스크리브	აწმყოს კავშირებითი 현재 가정법(pres. Subj)	
인칭/수	sg	pl
1	ვმალავდე (vmalavde)	ვმალავდეთ (vmalavdet)
2	მალავდე (malavde)	მალავდეთ (malavdet)
3	მალავდეს (malavdes)	მალავდნენ (malavdnen)
스크리브	მყოფადი 미래 직설법(Fut. Indic.)	
인칭/수	sg	pl
1	დავმალავ (davmalav)	დავმალავთ (davmalavt)
2	დამალავ (damalav)	დამალავთ (damalavt)
3	დამალავს (damalavs)	დამალავენ (damalaven)
스크리브	ხოლმეობითი 과거 조건법(Cond. Mood)	
인칭/수	sg	pl
1	დავმალავდი (davmalavdi)	დავმალავდით (davmalavdit)
2	დამალავდი (damalavdi)	დამალავდით (damalavdit)
3	დამალავდა (damalavda)	დამალავდნენ (damalavdnen)
스크리브	მყოფადის კავშირებითი 미래 가정법(Fut. Subj)	
인칭/수	sg	pl
1	დავმალავდე (davmalavde)	დავმალავდეთ (davmalavdet)
2	დამალავდე (damalavde)	დამალავდეთ (damalavdet)
3	დამალავდეს (damalavdes)	დამალავდნენ (damalavdnen)

2 시리즈	스크리브	წყვეტილი (აორისტი) 부정과거 직설법(Aori. Indic)	
	인칭/수	sg	pl
	1	(და)ვმალე (da)vmal'e	(და)ვმალეთ (da)vmal'et
	2	(და)მალე (da)mal'e	(და)მალეთ (da)mal'et
	3	(და)მალა (da)mala	(და)მალეს (da)males
	스크리브	II კავშირებითი 기원법(Opt. Mood)	
	인칭/수	sg	pl
	1	(და)ვმალო (da)vmalo	(და)ვმალოთ (da)vmalo't
	2	(და)მალო (da)mal'o	(და)მალოთ (da)malot
	3	(და)მალოს (da)malos	(და)მალონ (da)malon
3 시리즈	스크리브	I თურმეობითი 완료 직설법(Perf. Indic)	
	인칭/수	sg	pl
	1	დამიმალავს (damimalav's)	დაგვიმალავს (dagvimalav's)
	2	დაგიმალავს (dagimalav's)	დაგიმალავთ (dagimalav't)
	3	დაუმალავს (dau'malav's)	დაუმალავთ (dau'malav't)
	스크리브	II თურმეობითი 과거 완료 직설법(Pluperf)	
	인칭/수	sg	pl
	1	დამემალა (dame'mala)	დაგვემალა (dagve'mala)
	2	დაგემალა (dage'mala)	დაგემალათ (dage'malat)
	3	დაემალა (dae'mala)	დაემალათ (dae'malat)
	스크리브	III კავშირებითი 완료 가정법(Perf. Subj)	
	인칭/수	sg	pl
	1	დამემალოს (dame'malos)	დაგვემალოს (dagve'malos)
	2	დაგემალოს (dage'malos)	დაგემალოთ (dage'malot)
	3	დაემალოს (dae'malos)	დაემალოთ (dae'malot)

დამარხვა – to bury (somebody/something)			
1 시리즈	스크리브	აწმყო 현재 직설법(pres. Indic)	
	인칭/수	sg	pl
	1	ვმარხავ (vm'arxav)	ვმარხავთ (vm'arxavt)
	2	მარხავ (m'arxav)	მარხავთ (m'arxavt)
	3	მარხავს (m'arxavs)	მარხავენ (m'arxaven)
	스크리브	უწყვეტელი 미완료 직설법(imperf. Indic)	
	인칭/수	sg	pl
	1	ვმარხავდი (vm'arxavdi)	ვმარხავდით (vm'arxavdit)
	2	მარხავდი (m'arxavdi)	მარხავდით (m'arxavdit)
	3	მარხავდა (m'arxavda)	მარხავდნენ (m'arxavdnen)
	스크리브	აწმყოს კავშირებითი 현재 가정법(pres. Subj)	
	인칭/수	sg	pl
	1	ვმარხავდე (vm'arxavde)	მარხავდეს (m'arxavdes)
	2	მარხავდე (m'arxavde)	მარხავდეს (m'arxavdes)
	3	მარხავდეს (m'arxavdes)	მარხავდნენ (m'arxavdnen)
	스크리브	მყოფადი 미래 직설법(Fut. Indic.)	
	인칭/수	sg	pl
	1	დავმარხავ (davm'arxav)	დავმარხავთ (davm'arxavt)
	2	დამარხავ (dam'arxav)	დამარხავთ (dam'arxavt)
	3	დამარხავს (dam'arxavs)	დამარხავენ (dam'arxaven)
	스크리브	ხოლმეობითი 과거 조건법(Cond. Mood)	
	인칭/수	sg	pl
	1	დავმარხავდი(davm'arxavdi)	დავმარხავდით (davm'arxavdit)
	2	დამარხავდი (dam'arxavdi)	დამარხავდით (dam'arxavdit)
	3	დამარხავდა (dam'arxavda)	დამარხავდნენ (dam'arxavdnen)

스크리브	მყოფადის კავშირებითი 미래 가정법(Fut. Subj)	
인칭/수	sg	pl
1	დავმარხავდე(davm'arxavde)	დავმარხავდეთ (davm'arxavdet)
2	დამარხავდე (dam'arxavde)	დამარხავდეთ (dam'arxavdet)
3	დამარხავდეს(dam'arxavdes)	დამარხავდნენ (dam'arxavdnen)

2 시리즈

스크리브	წყვეტილი (აორისტი) 부정과거 직설법(Aori. Indic)	
인칭/수	sg	pl
1	(და)ვმარხე (da)vmarkhe	(და)ვმარხეთ (da)vmarkhet
2	(და)მარხე (da)markhe	(და)მარხეთ (da)markhet
3	(და)მარხა (da)markha	(და)მარხეს (da)markhes

스크리브	II კავშირებითი 기원법(Opt. Mood)	
인칭/수	sg	pl
1	(და)ვმარხო (da)vmarkho	(და)ვმარხოთ (da)vmarkhot
2	(და)მარხო (da)markho	(და)მარხოთ (da)markhot
3	(და)მარხოს (da)markhos	(და)მარხონ (da)markhon

3 시리즈

스크리브	I თურმეობითი 완료 직설법(Perf. Indic)	
인칭/수	sg	pl
1	დამიმარხავს (damimarkhav's)	დაგვიმარხავს (dagvimarkhav's)
2	დაგიმარხავს (dagimarkhav's)	დაგიმარხავთ (dagimarkhav't)
3	დაუმარხავს (dau'markhav's)	დაუმარხავთ (dau'markhav't)

스크리브	II თურმეობითი 과거 완료 직설법(Pluperf)	
인칭/수	sg	pl
1	დამემარხა (dame'markha)	დაგვემარხა (dagve'markha)
2	დაგემარხა (dage'markha)	დაგემარხათ (dage'markhat)
3	დაემარხა (dae'markha)	დაემარხათ (dae'markhat)

스크리브	III კავშირებითი 완료 가정법(Perf. Subj)	

인칭/수	sg	pl
1	დამემარხოს (dame'markhos)	დაგვემარხოს (dagve'markhos)
2	დაგემარხოს (dage'markhos)	დაგემარხოთ (dage'markhot)
3	დაემარხოს (dae'markhos)	დაემარხოთ (dae'markhot)

დაყნოსვა – to sniff (something)

<table>
<tr><td rowspan="17">1
시
리
즈</td><td>스크리브</td><td colspan="2">აწმყო 현재 직설법(pres. Indic)</td></tr>
<tr><td>인칭/수</td><td>sg</td><td>pl</td></tr>
<tr><td>1</td><td>ვყნოსავ (vqn'osav)</td><td>ვყნოსავთ (vqn'osavt)</td></tr>
<tr><td>2</td><td>ყნოსავ (qn'osav)</td><td>ყნოსავთ (qn'osavt)</td></tr>
<tr><td>3</td><td>ყნოსავს (qn'osavs)</td><td>ყნოსავენ (qn'osaven)</td></tr>
<tr><td>스크리브</td><td colspan="2">უწყვეტელი 미완료 직설법(imperf. Indic)</td></tr>
<tr><td>인칭/수</td><td>sg</td><td>pl</td></tr>
<tr><td>1</td><td>ვყნოსავდი (vqn'osavdi)</td><td>ვყნოსავდით (vqn'osavdit)</td></tr>
<tr><td>2</td><td>ყნოსავდი (qn'osavdi)</td><td>ყნოსავდით (qn'osavdit)</td></tr>
<tr><td>3</td><td>ყნოსავდა (qn'osavda)</td><td>ყნოსავდნენ (qn'osavdnen)</td></tr>
<tr><td>스크리브</td><td colspan="2">აწმყოს კავშირებითი 현재 가정법(pres. Subj)</td></tr>
<tr><td>인칭/수</td><td>sg</td><td>pl</td></tr>
<tr><td>1</td><td>ვყნოსავდე (vqn'osavde)</td><td>ვყნოსავდეთ (vqn'osavdet)</td></tr>
<tr><td>2</td><td>ყნოსავდე (qn'osavde)</td><td>ყნოსავდეთ (qn'osavdet)</td></tr>
<tr><td>3</td><td>ყნოსავდეს (qn'osavdes)</td><td>ყნოსავდნენ (qn'osavdnen)</td></tr>
<tr><td>스크리브</td><td colspan="2">მყოფადი 미래 직설법(Fut. Indic.)</td></tr>
<tr><td>인칭/수</td><td>sg</td><td>pl</td></tr>
<tr><td>1</td><td>დავყნოსავ (davqn'osav)</td><td>დავყნოსავთ (davqn'osavt)</td></tr>
<tr><td>2</td><td>დაყნოსავ (daqn'osav)</td><td>დაყნოსავთ (daqn'osavt)</td></tr>
<tr><td>3</td><td>დაყნოსავს (daqn'osavs)</td><td>დაყნოსავენ (daqn'osaven)</td></tr>
</table>

	스크리브	ხოლმეობითი 과거 조건법(Cond. Mood)	
	인칭/수	sg	pl
	1	დავყნოსავდი(davqn'osavdi)	დავყნოსავდით (davqn'osavdit)
	2	დაყნოსავდი (daqn'osavdi)	დაყნოსავდით (daqn'osavdit)
	3	დაყნოსავდა (daqn'osavda)	დაყნოსავდნენ (daqn'osavdnen)
	스크리브	მყოფადის კავშირებითი 미래 가정법(Fut. Subj)	
	인칭/수	sg	pl
	1	დავყნოსავდე(davqn'osavde)	დავყნოსავდეთ (davqn'osavdet)
	2	დაყნოსავდე (daqn'osavde)	დაყნოსავდეთ (daqn'osavdet)
	3	დაყნოსავდეს(daqn'osavdes)	დაყნოსავდნენ (daqn'osavdnen)
2 시리즈	스크리브	წყვეტილი (აორისტი) 부정과거 직설법(Aori. Indic)	
	인칭/수	sg	pl
	1	(და)ვყნოსე (da)vqnose	(და)ვყნოსეთ (da)vqnos'et
	2	(და)ყნოსე (da)qnose	(და)ყნოსეთ (da)qnos'et
	3	(და)ყნოსა (da)qnosa	(და)ყნოსეს (da)qnos'es
	스크리브	II კავშირებითი 기원법(Opt. Mood)	
	인칭/수	sg	pl
	1	(და)ვყნოსო (da)vqnos'o	(და)ვყნოსოთ (da)vqnos'ot
	2	(და)ყნოსო (da)qnos'o	(და)ყნოსოთ (da)qnos'ot
	3	(და)ყნოსოს (da)qnos'os	(და)ყნოსონ (da)qnos'on
3 시리즈	스크리브	I თურმეობითი 완료 직설법(Perf. Indic)	
	인칭/수	sg	pl
	1	დამიყნოსავს (damiqnotsav's)	დაგვიყნოსავს (dagviqnotsav's)
	2	დაგიყნოსავს (dagi'notsav's)	დაგიყნოსავთ (dagi'notsav't)
	3	დაუყნოსავს (dauqnotsav's)	დაუყნოსავთ (dauqnotsav't)
	스크리브	II თურმეობითი 과거 완료 직설법(Pluperf)	

인칭/수	sg	pl
1	დამეყნოსა (dameqnotsa)	დაგვეყნოსა (dagveqnotsa)
2	დაგეყნოსა (dageqnotsa)	დაგეყნოსათ (dageqnotsat)
3	დაეყნოსა (daeqnotsa)	დაეყნოსათ (daeqnotsat)
스크리브	III კავშირებითი 완료 가정법(Perf. Subj)	
인칭/수	sg	pl
1	დამეყნოსოს (dameqnotsos)	დაგვეყნოსოს (dagveqnotsos)
2	დაგეყნოსოს (dageqnotsos)	დაგეყნოსოთ (dageqnotsot)
3	დაეყნოსოს (daeqnotsos)	დაეყნოსოთ (daeqnotsot)

დახატვა – to paint (something)			
1 시리즈	스크리브	აწმყო 현재 직설법(pres. Indic)	
	인칭/수	sg	pl
	1	ვხატავ (vkhatav)	ვხატავთ (vkhatavt)
	2	ხატავ (khatav)	ხატავთ (khatavt)
	3	ხატავს (khatavs)	ხატავენ (khataven)
	스크리브	უწყვეტელი 미완료 직설법(imperf. Indic)	
	인칭/수	sg	pl
	1	ვხატავდი (vkhatavdi)	ვხატავდით (vkhatavdit)
	2	ხატავდი (khatavdi)	ხატავდით (khatavdit)
	3	ხატავდა (khatavda)	ხატავდნენ (khatavdnen)
	스크리브	აწმყოს კავშირებითი 현재 가정법(pres. Subj)	
	인칭/수	sg	pl
	1	ვხატავდე (vkhatavde)	ვხატავდეთ (vkhatavdet)
	2	ხატავდე (khatavde)	ხატავდეთ (khatavdet)
	3	ხატავდეს (khatavdes)	ხატავდნენ (khatavdnen)

	스크리브	მყოფადი 미래 직설법(Fut. Indic.)	
	인칭/수	sg	pl
	1	დავხატავ (davkhatav)	დავხატავთ (davkhatavt)
	2	დახატავ (dakhatav)	დახატავთ (dakhatavt)
	3	დახატავს (dakhatavs)	დახატავენ (dakhataven)
	스크리브	ხოლმეობითი 과거 조건법(Cond. Mood)	
	인칭/수	sg	pl
	1	დავხატავდი (davkhatavdi)	დავხატავდით (davkhatavdit)
	2	დახატავდი (dakhatavdi)	დახატავდით (dakhatavdit)
	3	დახატავდა (dakhatavda)	დახატავდნენ (dakhatavdnen)
	스크리브	მყოფადის კავშირებითი 미래 가정법(Fut. Subj)	
	인칭/수	sg	pl
	1	დავხატავდე (davkhatavde)	დავხატავდეთ (davkhatavdet)
	2	დახატავდე (dakhatavde)	დახატავდეთ (dakhatavdet)
	3	დახატავდეს (dakhatavdes)	დახატავდნენ (dakhatavdnen)
2 시리즈	스크리브	წყვეტილი (აორისტი) 부정과거 직설법(Aori. Indic)	
	인칭/수	sg	pl
	1	(და)ვხატე (da)vkhate	(და)ვხატეთ (da)vkhate't
	2	(და)ხატე (da)khate	(და)ხატეთ (da)khate't
	3	(და)ხატა (da)khata	(და)ხატეს (da)khates
	스크리브	II კავშირებითი 기원법(Opt. Mood)	
	인칭/수	sg	pl
	1	(და)ვხატო (da)vkhato	(და)ვხატოთ (da)vkhato't
	2	(და)ხატო (da)khato	(და)ხატოთ (da)khato't
	3	(და)ხატოს (da)khatos	(და)ხატონ (da)khaton

3 시리즈	스크리브	I თურმეობითი 완료 직설법(Perf. Indic)	
	인칭/수	sg	pl
	1	დამიხატავს (damiḥatav's)	დაგვიხატავს (dagviḥatav's)
	2	დაგიხატავს (dagiḥatav's)	დაგიხატავთ (dagiḥatav't)
	3	დაუხატავს (dauiḥatav's)	დაუხატავთ (dauiḥatav't)
	스크리브	II თურმეობითი 과거 완료 직설법(Pluperf)	
	인칭/수	sg	pl
	1	დამეხატა (dameḫata)	დაგვეხატა (dagveḫata)
	2	დაგეხატა (dageḫata)	დაგეხატათ (dageḫatat)
	3	დაეხატა (daeḫata)	დაეხატათ (daeḫatat)
	스크리브	III კავშირებითი 완료 가정법(Perf. Subj)	
	인칭/수	sg	pl
	1	დამეხატოს (dameḫatos)	დაგვეხატოს (dagveḫatos)
	2	დაგეხატოს (dageḫatos)	დაგეხატოთ (dageḫatot)
	3	დაეხატოს (daeḫatos)	დაეხატოთ (daeḫatot)

(და)ხედვა – to look at (something)			
1 시리즈	스크리브	აწმყო 현재 직설법(pres. Indic)	
	인칭/수	sg	pl
	1	ვხედავ (vkhedav)	ვხედავთ (vkhedavt)
	2	ხედავ (khedav)	ხედავთ (khedavt)
	3	ხედავს (khedavs)	ხედავენ (khedaven)
	스크리브	უწყვეტელი 미완료 직설법(imperf. Indic)	
	인칭/수	sg	pl
	1	ვხედავდი (vkhedavdi)	ვხედავდით (vkhedavdit)
	2	ხედავდი (khedavdi)	ხედავდით (khedavdit)

	3	ხედავდა (khedavda)	ხედავდნენ (khedavdnen)
	스크리브	აწმყოს კავშირებითი 현재 가정법(pres. Subj)	
	인칭/수	sg	pl
	1	ვხედავდე (vkhedavde)	ვხედავდეთ (vkhedavdet)
	2	ხედავდე (khedavde)	ხედავდეთ (khedavdet)
	3	ხედავდეს (khedavdes)	ხედავდნენ (khedavdnen)
	스크리브	მყოფადი 미래 직설법(Fut. Indic.)	
	인칭/수	sg	pl
	1	დავხედავ (davkhedav)	დავხედავთ (davkhedavt)
	2	დახედავ (dakhedav)	დახედავთ (dakhedavt)
	3	დახედავს (dakhedavs)	დახედავენ (dakhedaven)
	스크리브	ხოლმეობითი 과거 조건법(Cond. Mood)	
	인칭/수	sg	pl
	1	დავხედავდი(davkhedavdi)	დავხედავდით (davkhedavdit)
	2	დახედავდი (dakhedavdi)	დახედავდით (dakhedavdit)
	3	დახედავდა (dakhedavda)	დახედავდნენ (dakhedavdnen)
	스크리브	მყოფადის კავშირებითი 미래 가정법(Fut. Subj)	
	인칭/수	sg	pl
	1	დახედავდნენ(dakhedavdnen)	დავხედავდეთ (davkhedavdet)
	2	დახედავდე (dakhedavde)	დახედავდეთ (dakhedavdet)
	3	დახედავდეს (dakhedavdes)	დახედავდნენ (dakhedavdnen)
2 시리즈	스크리브	წყვეტილი (აორისტი) 부정과거 직설법(Aori. Indic)	
	인칭/수	sg	pl
	1	(და)ვხედე (da)vkhede	(და)ვხედეთ (da)vkhede't
	2	(და)ხედე (da)khede	(და)ხედეთ (da)khede't
	3	(და)ხედა (da)kheda	(და)ხედეს (da)khedes

	스크리브	II კავშირებითი 기원법(Opt. Mood)	
	인칭/수	sg	pl
	1	(და)ვხედო (da)vkhedo	(და)ვხედოთ (da)vkhedo't
	2	(და)ხედო (da)khedo	(და)ხედოთ (da)khedo't
	3	(და)ხედოს (da)khedos	(და)ხედონ (da)khedon
3 시리즈	스크리브	I თურმეობითი 완료 직설법(Perf. Indic)	
	인칭/수	sg	pl
	1	დამიხედავს (damiḫedav's)	დაგვიხედავს (dagviḫedav's)
	2	დაგიხედავს (dagiḫedav's)	დაგინედავთ (dagiḫedav't)
	3	დაუხედავს (dauiḫedav's)	დაუხედავთ (dauiḫedav't)
	스크리브	II თურმეობითი 과거 완료 직설법(Pluperf)	
	인칭/수	sg	pl
	1	დამეხედა (dameḫeda)	დაგვენედა (dagveneḫeda)
	2	დაგეხედა (dageḫeda)	დაგეხედათ (dageḫedat)
	3	დაეხედა (daeḫeda)	დაეხედათ (daeḫedat)
	스크리브	III კავშირებითი 완료 가정법(Perf. Subj)	
	인칭/수	sg	pl
	1	დამეხედოს (dameḫedos)	დაგვეხედოს (dagveḫedos)
	2	დაგეხედოს (dageḫedos)	დაგეხედოთ (dageḫedot)
	3	დაეხედოს (daeḫedos)	დაეხედოთ (daeḫedot)

დახურვა – to close (something)

	스크리브	აწმყო 현재 직설법(pres. Indic)	
1 시리즈	인칭/수	sg	pl
	1	ვხურავ (vkhurav)	ვხურავთ (vk'uravt)
	2	ხურავ (khurav)	ხურავთ (khuravt)

3	ხურავს (khuravs)	ხურავენ (khuraven)

스크리브	უწყვეტელი 미완료 직설법(imperf. Indic)	
인칭/수	sg	pl
1	ვხურავდი (vk'uravdi)	ვხურავდით (vk'uravdit)
2	ხურავდი (khuravdi)	ხურავდით (khuravdit)
3	ხურავდა (khuravda)	ხურავდნენ (khuravdnen)
스크리브	აწმყოს კავშირებითი 현재 가정법(pres. Subj)	
인칭/수	sg	pl
1	ვხურავდე (vk'uravde)	ვხურავდეთ (vk'uravdet)
2	ხურავდე (khuravde)	ხურავდეთ (khuravdet)
3	ხურავდეს (khuravdes)	ხურავდნენ (khuravdnen)
스크리브	მყოფადი 미래 직설법(Fut. Indic.)	
인칭/수	sg	pl
1	დავხურავ (davk'urav)	დავხურავთ (davk'uravt)
2	დახურავ (dakhurav)	დახურავთ (dakhuravt)
3	დახურავს (dakhuravs)	დახურავენ (dakhuraven)
스크리브	ხოლმეობითი 과거 조건법(Cond. Mood)	
인칭/수	sg	pl
1	დავხურავდი (davk'uravdi)	დავხურავდით (davk'uravdit)
2	დახურავდი (dakhuravdi)	დახურავდით (dakhuravdit)
3	დახურავდა (dakhuravda)	დახურავდნენ (dakhuravdnen)
스크리브	მყოფადის კავშირებითი 미래 가정법(Fut. Subj)	
인칭/수	sg	pl
1	დავხურავდე (davk'uravde)	დავხურავდეთ (davk'uravdet)
2	დახურავდე (dakhuravde)	დახურავდეთ (dakhuravdet)
3	დახურავდეს(dakhuravdes)	დახურავდნენ (dakhuravdnen)

2 시리즈	스크리브	წყვეტილი (აორისტი) 부정과거 직설법(Aori. Indic)	
	인칭/수	sg	pl
	1	(და)ვხურე (da)vkhure	(და)ვხურეთ (da)vkhuret
	2	(და)ხურე (da)khure	(და)ხურეთ (da)khuret
	3	(და)ხურა (da)khura	(და)ხურეს (da)khures
	스크리브	II კავშირებითი 기원법(Opt. Mood)	
	인칭/수	sg	pl
	1	(და)ვხურო (da)vkhuro	(და)ვხუროთ (da)vkhuort
	2	(და)ხურო (da)khuro	(და)ხუროთ (da)khuort
	3	(და)ხუროს (da)khuros	(და)ხურონ (da)khuron
3 시리즈	스크리브	I თურმეობითი 완료 직설법(Perf. Indic)	
	인칭/수	sg	pl
	1	დამიხურავს (damiḥurav's)	დაგვიხურავს (dagviḥurav's)
	2	დაგიხურავს (dagiḥurav's)	დაგიხურავთ (dagiḥurav't)
	3	დაუხურავს (dauiḥurav's)	დაუხურავთ (dauiḥurav't)
	스크리브	II თურმეობითი 과거 완료 직설법(Pluperf)	
	인칭/수	sg	pl
	1	დამეხურა (dameḥura)	დაგვეხურა (dagveḥura)
	2	დაგეხურა (dageḥura)	დაგეხურათ (dageḥurat)
	3	დაეხურა (daeḥura)	დაეხურათ (daeḥurat)
	스크리브	III კავშირებითი 완료 가정법(Perf. Subj)	
	인칭/수	sg	pl
	1	დამეხუროს (dameḥuros)	დაგვეხუროს (dagveḥuros)
	2	დაგეხუროს (dageḥuros)	დაგეხუროთ (dageḥurot)
	3	დაეხუროს (daeḥuros)	დაეხუროთ (daeḥurot)

დახუჭვა – to close one's eyes

<table>
<tr><td rowspan="2">1
시
리
즈</td><td>스크리브</td><td colspan="2" align="center">აწმყო 현재 직설법(pres. Indic)</td></tr>
<tr><td>인칭/수</td><td>sg</td><td>pl</td></tr>
<tr><td></td><td>1</td><td>ვხუჭავ (vkhuch'av)</td><td>ვხუჭავთ (vkhuch'avt)</td></tr>
<tr><td></td><td>2</td><td>ხუჭავ (khuch'av)</td><td>ხუჭავთ (khuch'avt)</td></tr>
<tr><td></td><td>3</td><td>ხუჭავს (khuch'avs)</td><td>ხუჭავენ (khuch'aven)</td></tr>
<tr><td></td><td>스크리브</td><td colspan="2">უწყვეტელი 미완료 직설법(imperf. Indic)</td></tr>
<tr><td></td><td>인칭/수</td><td>sg</td><td>pl</td></tr>
<tr><td></td><td>1</td><td>ვხუჭავდი (vkhuch'avdi)</td><td>ვხუჭავდით (vkhuch'avdit)</td></tr>
<tr><td></td><td>2</td><td>ხუჭავდი (khuch'avdi)</td><td>ხუჭავდით (khuch'avdit)</td></tr>
<tr><td></td><td>3</td><td>ხუჭავდა (khuch'avda)</td><td>ხუჭავდნენ (khuch'avdnen)</td></tr>
<tr><td></td><td>스크리브</td><td colspan="2">აწმყოს კავშირებითი 현재 가정법(pres. Subj)</td></tr>
<tr><td></td><td>인칭/수</td><td>sg</td><td>pl</td></tr>
<tr><td></td><td>1</td><td>ვხუჭავდე (vkhuch'avde)</td><td>ვხუჭავდეთ (vkhuch'avdet)</td></tr>
<tr><td></td><td>2</td><td>ხუჭავდე (khuch'avde)</td><td>ხუჭავდეთ (khuch'avdet)</td></tr>
<tr><td></td><td>3</td><td>ხუჭავდეს (khuch'avdes)</td><td>ხუჭავდნენ (khuch'avdnen)</td></tr>
<tr><td></td><td>스크리브</td><td colspan="2">მყოფადი 미래 직설법(Fut. Indic.)</td></tr>
<tr><td></td><td>인칭/수</td><td>sg</td><td>pl</td></tr>
<tr><td></td><td>1</td><td>დავხუჭავ (davkhuch'av)</td><td>დავხუჭავთ (davkhuch'avt)</td></tr>
<tr><td></td><td>2</td><td>დახუჭავ (dakhuch'av)</td><td>დახუჭავთ (dakhuch'avt)</td></tr>
<tr><td></td><td>3</td><td>დახუჭავს (dakhuch'avs)</td><td>დახუჭავენ (dakhuch'aven)</td></tr>
<tr><td></td><td>스크리브</td><td colspan="2">ხოლმეობითი 과거 조건법(Cond. Mood)</td></tr>
<tr><td></td><td>인칭/수</td><td>sg</td><td>pl</td></tr>
<tr><td></td><td>1</td><td>დავხუჭავდი(davkhuch'avdi)</td><td>დავხუჭავდით (davkhuch'avdit)</td></tr>
<tr><td></td><td>2</td><td>დახუჭავდი (dakhuch'avdi)</td><td>დახუჭავდით (dakhuch'avdit)</td></tr>
<tr><td></td><td>3</td><td>დახუჭავდა (dakhuch'avda)</td><td>დახუჭავდნენ (dakhuch'avdnen)</td></tr>
</table>

	스크리브	მყოფადის კავშირებითი 미래 가정법(Fut. Subj)	
	인칭/수	sg	pl
	1	დავხუჭავდე(davkhuch'avde)	დავხუჭავდეთ (davkhuch'avdet)
	2	დახუჭავდე (dakhuch'avde)	დახუჭავდეთ (dakhuch'avdet)
	3	დახუჭავდეს(dakhuch'avdes)	დახუჭავდნენ (dakhuch'avdnen)
2 시리즈	스크리브	წყვეტილი (აორისტი) 부정과거 직설법(Aori. Indic)	
	인칭/수	sg	pl
	1	(და)ვხუჭე (da)vkhuch'e	(და)ვხუჭეთ (da)vkhuch'et
	2	(და)ხუჭე (da)khuch'e	(და)ხუჭეთ (da)khuch'et
	3	(და)ხუჭა (da)khuch'a	(და)ხუჭეს (da)khuch'es
	스크리브	II კავშირებითი 기원법(Opt. Mood)	
	인칭/수	sg	pl
	1	(და)ვხუჭო (da)vkhuch'o	(და)ვხუჭოთ (da)vkhuch'ot
	2	(და)ხუჭო (da)khuch'o	(და)ხუჭოთ (da)khuch'ot
	3	(და)ხუჭოს (da)khuch'os	(და)ხუჭონ (da)khuch'on
3 시리즈	스크리브	I თურმეობითი 완료 직설법(Perf. Indic)	
	인칭/수	sg	pl
	1	დამიხუჭავს (damiḫuch'av's)	დაგვიხუჭავს (dagviḫuch'av's)
	2	დაგიხუჭავს (dagiḫuch'av's)	დაგიხუჭავთ (dagiḫuch'av't)
	3	დაუხუჭავს (dauiḫuch'av's)	დაუხუჭავთ (dauiḫuch'av't)
	스크리브	II თურმეობითი 과거 완료 직설법(Pluperf)	
	인칭/수	sg	pl
	1	დამეხუჭა (dameḫuch'a)	დაგვეხუჭა (dagveḫuch'a)
	2	დაგეხუჭა (dageḫuch'a)	დაგეხუჭათ (dageḫuch'at)
	3	დაეხუჭა (daeḫuch'a)	დაეხუჭათ (daeḫuch'at)
	스크리브	III კავშირებითი 완료 가정법(Perf. Subj)	

	인칭/수	sg	pl
	1	დამეხუჭოს (dameḫuch'os)	დაგვეხუჭოს (dagveḫuch'os)
	2	დაგეხუჭოს (dageḫuch'os)	დაგეხუჭოთ (dageḫuch'ot)
	3	დაეხუჭოს (daeḫuch'os)	დაეხუჭოთ (daeḫuch'ot)

(გა)თბობა – to warm (something)			
1 시리즈	스크리브	აწმყო 현재 직설법(pres. Indic)	
	인칭/수	sg	pl
	1	ვათბობ (vatbob)	ვათბობთ (vatbobt)
	2	ათბობ (atbob)	ათბობთ (atbobt)
	3	ათბობს (atbobs)	ათბობენ (atboben)
	스크리브	უწყვეტელი 미완료 직설법(imperf. Indic)	
	인칭/수	sg	pl
	1	ვათბობდი (vatbobdi)	ვათბობდით (vatbobdit)
	2	ათბობდი (atbobdi)	ათბობდით (atbobdit)
	3	ათბობდა (atbobda)	ათბობდნენ (atbobdnen)
	스크리브	აწმყოს კავშირებითი 현재 가정법(pres. Subj)	
	인칭/수	sg	pl
	1	ვათბობდე (vatbobde)	ვათბობდეთ (vatbobdet)
	2	ათბობდე (atbobde)	ათბობდეთ (atbobdet)
	3	ათბობდეს (atbobdes)	ათბობდნენ (atbobdnen)
	스크리브	მყოფადი 미래 직설법(Fut. Indic.)	
	인칭/수	sg	pl
	1	გავათბობ (gavatbob)	გავათბობთ (gavatbobt)
	2	გაათბობ (gaatbob)	გაათბობთ (gaatbobt)
	3	გაათბობს (gaatbobs)	გაათბობენ (gaatboben)

시리즈	스크리브	ხოლმეობითი 과거 조건법(Cond. Mood)	
	인칭/수	sg	pl
	1	გავათბობდი (gavatbobdi)	გავათბობდით (gavatbobdit)
	2	გაათბობდი (gaatbobdi)	გაათბობდით (gaatbobdit)
	3	გაათბობდა (gaatbobda)	გაათბობდნენ (gaatbobdnen)
	스크리브	მყოფადის კავშირებითი 미래 가정법(Fut. Subj)	
	인칭/수	sg	pl
	1	გავათბობდე (gavatbobde)	გავათბობდეთ (gavatbobdet)
	2	გაათბობდე (gaatbobde)	გაათბობდეთ (gaatbobdet)
	3	გაათბობდეს (gaatbobdes)	გაათბობდნენ (gaatbobdnen)
2 시리즈	스크리브	წყვეტილი (აორისტი) 부정과거 직설법(Aori. Indic)	
	인칭/수	sg	pl
	1	(გა)ვათბე (ga)vathbe	(გა)ვათბეთ (ga)vathbet
	2	(გა)ათბე (ga)athbe	(გა)ათბეთ (ga)athbet
	3	(გა)ათბა (ga)athba	(გა)ათბეს (ga)athbes
	스크리브	II კავშირებითი 기원법(Opt. Mood)	
	인칭/수	sg	pl
	1	(გა)ვათბო (ga)vathbo	(გა)ვთბოთ (ga)vathbot
	2	(გა)ათბო (ga)athbo	(გა)თბოთ (ga)athbot
	3	(გა)ათბოს (ga)athbos	(გა)ათბონ (ga)athbon
3 시리즈	스크리브	I თურმეობითი 완료 직설법(Perf. Indic)	
	인칭/수	sg	pl
	1	გამითბია (gamitbia)	გაგვითბია (gagvitbia)
	2	გაგითბია (gagitbia)	გაგითბიათ (gagitbiat)
	3	გაუთბია (gautbia)	გაუთბიათ (gautbiat)
	스크리브	II თურმეობითი 과거 완료 직설법(Pluperf)	

	인칭/수	sg	pl
	1	გამეთბო (gametbo)	გაგვეთბო (gagetbo)
	2	გაგეთბო (gagetbo)	გაგეთბოთ (gagetbot)
	3	გაეთბო (gaetbo)	გაეთბოთ (gaetbot)
	스크리브	III კავშირებითი 완료 가정법(Perf. Subj)	
	인칭/수	sg	pl
	1	გამეთბოს (gametbos)	გაგვეთბოს (gagetbos)
	2	გაგეთბოს (gagetbos)	გაგეთბოთ (gagetbot)
	3	გაეთბოს (gaetbos)	გაეთბოთ (gaetbot)

მიბაძვა – to imitate (something)			
1 시리즈	스크리브	აწმყო 현재 직설법(pres. Indic)	
	인칭/수	sg	pl
	1	ვბაძავ (vb'azav)	ვბაძავთ (vb'azavt)
	2	ბაძავ (b'azav)	ბაძავთ (b'azavt)
	3	ბაძავს (b'azavs)	ბაძავენ (b'azaven)
	스크리브	უწყვეტელი 미완료 직설법(imperf. Indic)	
	인칭/수	sg	pl
	1	ვბაძავდი (vb'azavdi)	ვბაძავდით (vb'azavdit)
	2	ბაძავდი (b'azavdi)	ბაძავდით (b'azavdit)
	3	ბაძავდა (b'azavda)	ბაძავდნენ (b'azavdnen)
	스크리브	აწმყოს კავშირებითი 현재 가정법(pres. Subj)	
	인칭/수	sg	pl
	1	ვბაძავდე (vb'azavde)	ვბაძავდეთ (vb'azavdet)
	2	ბაძავდე (b'azavde)	ბაძავდეთ (b'azavdet)
	3	ბაძავდეს (b'azavdes)	ბაძავდნენ (b'azavdnen)

스크리브	მყოფადი 미래 직설법(Fut. Indic.)	
인칭/수	sg	pl
1	მივბაძავ (mivb'azav)	მივბაძავთ (mivb'azavt)
2	მიბაძავ (mib'azav)	მიბაძავთ (mib'azavt)
3	მიბაძავს (mib'azavs)	მიბაძავენ (mib'azaven)
스크리브	ხოლმეობითი 과거 조건법(Cond. Mood)	
인칭/수	sg	pl
1	მივბაძავდი (mivb'azavdi)	მივბაძავდით (mivb'azavdit)
2	მიბაძავდი (mib'azavdi)	მიბაძავდით (mib'azavdit)
3	მიბაძავდა (mib'azavda)	მიბაძავდნენ (mib'azavdnen)
스크리브	მყოფადის კავშირებითი 미래 가정법(Fut. Subj)	
인칭/수	sg	pl
1	მივბაძავდე (mivb'azavde)	მივბაძავდეთ (mivb'azavdet)
2	მიბაძავდე (mib'azavde)	მიბაძავდეთ (mib'azavdet)
3	მიბაძავდეს (mib'azavdes)	მიბაძავდნენ (mib'azavdnen)

2 시리즈

스크리브	წყვეტილი (აორისტი) 부정과거 직설법(Aori. Indic)	
인칭/수	sg	pl
1	(მი)ვბაძე (mi)vbaze	(მი)ვბაძეთ (mi)vbazet
2	(მი)ბაძე (mi)baze	(მი)ბაძეთ (mi)bazet
3	(მი)ბაძა (mi)baza	(მი)ბაძეს (mi)bazes
스크리브	II კავშირებითი 기원법(Opt. Mood)	
인칭/수	sg	pl
1	(მი)ვბაძო (mi)vbaso	(მი)ვბაძოთ (mi)vbazot
2	(მი)ბაძო (mi)baso	(მი)ბაძოთ (mi)bazot
3	(მი)ბაძოს (mi)basos	(მი)ბაძონ (mi)bazon

3 시리즈	스크리브	I თურმეობითი 완료 직설법(Perf. Indic)	
	인칭/수	sg	pl
	1	მიმიბაძავს (mimibaz'avs)	მიგვიბაძავს (migvibaz'avs)
	2	მიგიბაძავს (migibaz'avs)	მიგიბაძავთ (migibaz'avt)
	3	მიუბაძავს (miubaz'avs)	მიუბაძავთ (miubaz'avt)
	스크리브	II თურმეობითი 과거 완료 직설법(Pluperf)	
	인칭/수	sg	pl
	1	მიმებაძა (mimebaz'a)	მიგვებაძა (migvebaz'a)
	2	მიგებაძა (migebaz'a)	მიგებაძათ (migebaz'at)
	3	მიებაძა (miebaz'a)	მიებაძათ (miebaz'at)
	스크리브	III კავშირებითი 완료 가정법(Perf. Subj)	
	인칭/수	sg	pl
	1	მიმებაძოს (mimebaz'os)	მიგვებაძოს (migvebaz'os)
	2	მიგებაძოს (migebaz'os)	მიგებაძოთ (migebaz'ot)
	3	მიებაძოს (miebaz'os)	მიებაძოთ (miebaz'ot)

მოზიდვა – to carry (something)			
1 시리즈	스크리브	აწმყო 현재 직설법(pres. Indic)	
	인칭/수	sg	pl
	1	ვზიდავ (vzidav)	ვზიდავთ (vzidavt)
	2	ზიდავ (zidav)	ზიდავთ (zidavt)
	3	ზიდავს (zidavs)	ზიდავენ (zidaven)
	스크리브	უწყვეტელი 미완료 직설법(imperf. Indic)	
	인칭/수	sg	pl
	1	ვზიდავდი (vzidavdi)	ვზიდავდით (vzidavdit)
	2	ზიდავდი (zidavdi)	ზიდავდით (zidavdit)

3	ზიდავდა (zidavda)		ზიდავდნენ (zidavdnen)

스크리브	აწმყოს კავშირებითი 현재 가정법(pres. Subj)	
인칭/수	sg	pl
1	ვზიდავდე (vzidavde)	ვზიდავდეთ (vzidavdet)
2	ზიდავდე (zidavde)	ზიდავდეთ (zidavdet)
3	ზიდავდეს (zidavdes)	ზიდავდნენ (zidavdnen)

스크리브	მყოფადი 미래 직설법(Fut. Indic.)	
인칭/수	sg	pl
1	მოვზიდავ (movzidav)	მოვზიდავთ (movzidavt)
2	მოზიდავ (mozidav)	მოზიდავთ (mozidavt)
3	მოზიდავს (mozidavs)	მოზიდავენ (mozidaven)

스크리브	ხოლმეობითი 과거 조건법(Cond. Mood)	
인칭/수	sg	pl
1	მოვზიდავდი (movzidavdi)	მოვზიდავდით (movzidavdit)
2	მოზიდავდი (mozidavdi)	მოზიდავდით (mozidavdit)
3	მოზიდავდა (mozidavda)	მოზიდავდნენ (mozidavdnen)

스크리브	მყოფადის კავშირებითი 미래 가정법(Fut. Subj)	
인칭/수	sg	pl
1	მოვზიდავდე (movzidavde)	მოვზიდავდეთ (movzidavdet)
2	მოზიდავდე (mozidavde)	მოზიდავდეთ (mozidavdet)
3	მოზიდავდეს (mozidavdes)	მოზიდავდნენ (mozidavdnen)

2 시 리 즈	스크리브	წყვეტილი (აორისტი) 부정과거 직설법(Aori. Indic)	
	인칭/수	sg	pl
	1	(მო)ვზიდე (mo)vzide	(მო)ვზიდეთ (mo)vzidet
	2	(მო)ზიდე (mo)zide	(მო)ზიდეთ (mo)zidet
	3	(მო)ზიდა (mo)zida	(მო)ზიდეს (mo)zides

	스크리브	II კავშირებითი 기원법(Opt. Mood)	
	인칭/수	sg	pl
	1	(მო)ვზიდო (mo)vzido	(მო)ვზიდოთ (mo)vzidot
	2	(მო)ზიდო (mo)zido	(მო)ზიდოთ (mo)zidot
	3	(მო)ზიდოს (mo)zidos	(მო)ზიდონ (mo)zidon
3 시리즈	스크리브	I თურმეობითი 완료 직설법(Perf. Indic)	
	인칭/수	sg	pl
	1	მომიზიდავს (momizidavs)	მოგვიზიდავს (mogvizidavs)
	2	მოგიზიდავს (mogizidavs)	მოგიზიდავთ (mogizidavt)
	3	მოუზიდავს (mouzidavs)	მოუზიდავთ (mouzidavt)
	스크리브	II თურმეობითი 과거 완료 직설법(Pluperf)	
	인칭/수	sg	pl
	1	მომეზიდა (momezida)	მოგვეზიდა (mogvezida)
	2	მოგეზიდა (mogezida)	მოგეზიდათ (mogezidat)
	3	მოეზიდა (moezida)	მოეზიდათ (moezidat)
	스크리브	III კავშირებითი 완료 가정법(Perf. Subj)	
	인칭/수	sg	pl
	1	მომეზიდოს (momezidos)	მოგვეზიდოს (mogvezidos)
	2	მოგეზიდოს (mogezidos)	მოგეზიდოთ (mogezidot)
	3	მოეზიდოს (moezidos)	მოეზიდოთ (moezidot)

(მო)თხოვნა – to ask for (something)			
1 시리즈	스크리브	აწმყო 현재 직설법(pres. Indic)	
	인칭/수	sg	pl
	1	ვთხოვ (vt'khov)	ვთხოვთ (vt'khovt)
	2	თხოვ (t'khov)	თხოვთ (t'khovt)

3	თხოვს (t'khovs)	თხოვენ (t'khoven)
스크리브	უწყვეტელი 미완료 직설법(imperf. Indic)	
인칭/수	sg	pl
1	ვთხოვდი (vt'khovdi)	ვთხოვდით (vt'khovdit)
2	თხოვდი (t'khovdi)	თხოვდით (t'khovdit)
3	თხოვდა (t'khovda)	თხოვდნენ (t'khovdnen)
스크리브	აწმყოს კავშირებითი 현재 가정법(pres. Subj)	
인칭/수	sg	pl
1	ვთხოვდე (vt'khovde)	ვთხოვდეთ (vt'khovdet)
2	თხოვდე (t'khovde)	თხოვდეთ (t'khovdet)
3	თხოვდეს (t'khovdes)	თხოვდნენ (t'khovdnen)
스크리브	მყოფადი 미래 직설법(Fut. Indic.)	
인칭/수	sg	pl
1	მოვთხოვ (movt'khov)	მოვთხოვთ (movt'khovt)
2	მოთხოვ (mot'khov)	მოთხოვთ (mot'khovt)
3	მოთხოვს (mot'khovs)	მოთხოვენ (mot'khoven)
스크리브	ხოლმეობითი 과거 조건법(Cond. Mood)	
인칭/수	sg	pl
1	მოვთხოვდი (movt'khovdi)	მოვთხოვდით (movt'khovdit)
2	მოთხოვდი (mot'khovdi)	მოთხოვდით (mot'khovdit)
3	მოთხოვდა (mot'khovda)	მოთხოვდნენ (mot'khovdnen)
스크리브	მყოფადის კავშირებითი 미래 가정법(Fut. Subj)	
인칭/수	sg	pl
1	მოვთხოვდე (movt'khovde)	მოვთხოვდეთ (movt'khovdet)
2	მოთხოვდე (mot'khovde)	მოთხოვდეთ (mot'khovdet)
3	მოთხოვდეს (mot'khovdes)	მოთხოვდნენ (mot'khovdnen)

2 시리즈	스크리브	წყვეტილი (აორისტი) 부정과거 직설법(Aori. Indic)	
	인칭/수	sg	pl
	1	(მო)ვთხოვე (mo)vt'khov'e	(მო)ვთხოვეთ (mo)vt'khov'et
	2	(მო)თხოვე (mo)t'khov'e	(მო)თხოვეთ (mo)t'khov'et
	3	(მო)თხოვა (mo)t'khov'a	(მო)თხოვეს (mo)t'khov'es
	스크리브	II კავშირებითი 기원법(Opt. Mood)	
	인칭/수	sg	pl
	1	(მო)ვთხოვო (mo)vt'khov'o	(მო)ვთხოვოთ (mo)vt'khov'ot
	2	(მო)თხოვო (mo)t'khov'o	(მო)თხოვოთ (mo)t'khov'ot
	3	(მო)თხოვოს (mo)t'khov'os	(მო)თხოვონ (mo)t'khov'on
3 시리즈	스크리브	I თურმეობითი 완료 직설법(Perf. Indic)	
	인칭/수	sg	pl
	1	მომითხოვია (momitkhovia)	მოგვითხოვია (mogvitkhovia)
	2	მოგითხოვია (mogitkhovia)	მოგითხოვიათ (mogitk'hoviat)
	3	მოუთხოვია (moutkhovia)	მოუთხოვიათ (moutk'hoviat)
	스크리브	II თურმეობითი 과거 완료 직설법(Pluperf)	
	인칭/수	sg	pl
	1	მომეთხოვა (mometk'hova)	მოგვეთხოვა (mogvetk'hova)
	2	მოგეთხოვა (mogetk'hova)	მოგეთხოვათ (mogetk'hovat)
	3	მოეთხოვა (moetk'hova)	მოეთხოვათ (moetk'hovat)
	스크리브	III კავშირებითი 완료 가정법(Perf. Subj)	
	인칭/수	sg	pl
	1	მომეთხოვოს (mometk'hovos)	მოგვეთხოვოს (mogvetk'hovos)
	2	მოგეთხოვოს (mogetk'hovos)	მოგეთხოვოთ (mogetk'hovot)
	3	მოეთხოვოს (moetk'hovos)	მოეთხოვოთ (moetk'hovot)

მოპარვა – to steal (something)

<table>
<tr><td rowspan="16">1
시
리
즈</td><td>스크리브</td><td colspan="2">აწმყო 현재 직설법(pres. Indic)</td></tr>
<tr><td>인칭/수</td><td>sg</td><td>pl</td></tr>
<tr><td>1</td><td>ვპარავ (vparav)</td><td>ვპარავთ (vparavt)</td></tr>
<tr><td>2</td><td>პარავ (parav)</td><td>პარავთ (paravt)</td></tr>
<tr><td>3</td><td>პარავს (paravs)</td><td>პარავენ (paraven)</td></tr>
<tr><td>스크리브</td><td colspan="2">უწყვეტელი 미완료 직설법(imperf. Indic)</td></tr>
<tr><td>인칭/수</td><td>sg</td><td>pl</td></tr>
<tr><td>1</td><td>ვპარავდი (vparavdi)</td><td>ვპარავდით (vparavdit)</td></tr>
<tr><td>2</td><td>პარავდი (paravdi)</td><td>პარავდით (paravdit)</td></tr>
<tr><td>3</td><td>პარავდა (paravda)</td><td>პარავდნენ (paravdnen)</td></tr>
<tr><td>스크리브</td><td colspan="2">აწმყოს კავშირებითი 현재 가정법(pres. Subj)</td></tr>
<tr><td>인칭/수</td><td>sg</td><td>pl</td></tr>
<tr><td>1</td><td>ვპარავდე (vparavde)</td><td>ვპარავდეთ (vparavdet)</td></tr>
<tr><td>2</td><td>პარავდე (paravde)</td><td>პარავდეთ (paravdet)</td></tr>
<tr><td>3</td><td>პარავდეს (paravdes)</td><td>პარავდნენ (paravdnen)</td></tr>
<tr><td>스크리브</td><td colspan="2">მყოფადი 미래 직설법(Fut. Indic.)</td></tr>
<tr><td>인칭/수</td><td>sg</td><td>pl</td></tr>
</table>

<table>
<tr><td>1</td><td>მოვპარავ (movparav)</td><td>მოვპარავთ (movparavt)</td></tr>
<tr><td>2</td><td>მოპარავ (moparav)</td><td>მოპარავთ (moparavt)</td></tr>
<tr><td>3</td><td>მოპარავს (moparavs)</td><td>მოპარავენ (moparaven)</td></tr>
<tr><td>스크리브</td><td colspan="2">ხოლმეობითი 과거 조건법(Cond. Mood)</td></tr>
<tr><td>인칭/수</td><td>sg</td><td>pl</td></tr>
<tr><td>1</td><td>მოვპარავდი (movparavdi)</td><td>მოვპარავდით (movparavdit)</td></tr>
<tr><td>2</td><td>მოპარავდი (moparavdi)</td><td>მოპარავდით (moparavdit)</td></tr>
<tr><td>3</td><td>მოპარავდა (moparavda)</td><td>მოპარავდნენ (moparavdnen)</td></tr>
</table>

스크리브	მყოფადის კავშირებითი 미래 가정법(Fut. Subj)	
인칭/수	sg	pl
1	მოვპარავდე (movparavde)	მოვპარავდეთ (movparavdet)
2	მოპარავდე (moparavde)	მოპარავდეთ (moparavdet)
3	მოპარავდეს (moparavdes)	მოპარავდნენ (moparavdnen)

<table>
<tr><td rowspan="9">2
시
리
즈</td><td>스크리브</td><td colspan="2">წყვეტილი (აორისტი) 부정과거 직설법(Aori. Indic)</td></tr>
<tr><td>인칭/수</td><td>sg</td><td>pl</td></tr>
<tr><td>1</td><td>(მო)ვპარე (mo)vpare</td><td>(მო)ვპარეთ (mo)vparet</td></tr>
<tr><td>2</td><td>(მო)პარე (mo)pare</td><td>(მო)პარეთ (mo)paret</td></tr>
<tr><td>3</td><td>(მო)პარა (mo)para</td><td>(მო)პარეს (mo)pares</td></tr>
<tr><td>스크리브</td><td colspan="2">II კავშირებითი 기원법(Opt. Mood)</td></tr>
<tr><td>인칭/수</td><td>sg</td><td>pl</td></tr>
<tr><td>1</td><td>(მო)ვპარო (mo)vparo</td><td>(მო)ვპაროთ (mo)vparot</td></tr>
<tr><td>2</td><td>(მო)პარო (mo)paro</td><td>(მო)პაროთ (mo)parot</td></tr>
<tr><td>3</td><td>(მო)პაროს (mo)paros</td><td>(მო)პარონ (mo)paron</td></tr>
</table>

<table>
<tr><td rowspan="12">3
시
리
즈</td><td>스크리브</td><td colspan="2">I თურმეობითი 완료 직설법(Perf. Indic)</td></tr>
<tr><td>인칭/수</td><td>sg</td><td>pl</td></tr>
<tr><td>1</td><td>მომიპარავს (momiparavs)</td><td>მოგვიპარავს (mogviparavs)</td></tr>
<tr><td>2</td><td>მოგიპარავს (mogiparavs)</td><td>მოგიპარავთ (mogiparavt)</td></tr>
<tr><td>3</td><td>მოუპარავს (mouparavs)</td><td>მოუპარავთ (mouparavt)</td></tr>
<tr><td>스크리브</td><td colspan="2">II თურმეობითი 과거 완료 직설법(Pluperf)</td></tr>
<tr><td>인칭/수</td><td>sg</td><td>pl</td></tr>
<tr><td>1</td><td>მომეპარა (momepara)</td><td>მოგვეპარა (mogvep'ara)</td></tr>
<tr><td>2</td><td>მოგეპარა (mogep'ara)</td><td>მოგეპარათ (mogep'arat)</td></tr>
<tr><td>3</td><td>მოეპარა (moep'ara)</td><td>მოეპარათ (moep'arat)</td></tr>
<tr><td>스크리브</td><td colspan="2">III კავშირებითი 완료 가정법(Perf. Subj)</td></tr>
</table>

인칭/수	sg	pl
1	მომეპაროს (momeparos)	მოგვეპაროს (mogvep'aros)
2	მოგეპაროს (mogep'aros)	მოგეპაროთ (mogep'arot)
3	მოეპაროს (moep'aros)	მოეპაროთ (moep'arot)

მორწყვა – to water (something)

<table>
<tr><td rowspan="16">1
시
리
즈</td><td>스크리브</td><td colspan="2" align="center">აწმყო 현재 직설법(pres. Indic)</td></tr>
<tr><td>인칭/수</td><td>sg</td><td>pl</td></tr>
<tr><td>1</td><td>ვრწყავ (vrtsq'av)</td><td>ვრწყავთ (vrtsq'avt)</td></tr>
<tr><td>2</td><td>რწყავ (rtsq'av)</td><td>რწყავთ (rtsq'avt)</td></tr>
<tr><td>3</td><td>რწყავს (rtsq'avs)</td><td>რწყავენ (rtsq'aven)</td></tr>
<tr><td>스크리브</td><td colspan="2" align="center">უწყვეტელი 미완료 직설법(imperf. Indic)</td></tr>
<tr><td>인칭/수</td><td>sg</td><td>pl</td></tr>
<tr><td>1</td><td>ვრწყავდი (vrtsq'avdi)</td><td>ვრწყავდით (vrtsq'avdit)</td></tr>
<tr><td>2</td><td>რწყავდი (rtsq'avdi)</td><td>რწყავდით (rtsq'avdit)</td></tr>
<tr><td>3</td><td>რწყავდა (rtsq'avda)</td><td>რწყავდნენ (rtsq'avdnen)</td></tr>
<tr><td>스크리브</td><td colspan="2" align="center">აწმყოს კავშირებითი 현재 가정법(pres. Subj)</td></tr>
<tr><td>인칭/수</td><td>sg</td><td>pl</td></tr>
<tr><td>1</td><td>ვრწყავდე (vrtsq'avde)</td><td>ვრწყავდეთ (vrtsq'avdet)</td></tr>
<tr><td>2</td><td>რწყავდე (rtsq'avde)</td><td>რწყავდეთ (rtsq'avdet)</td></tr>
<tr><td>3</td><td>რწყავდეს (rtsq'avdes)</td><td>რწყავდნენ (rtsq'avdnen)</td></tr>
<tr><td>스크리브</td><td colspan="2" align="center">მყოფადი 미래 직설법(Fut. Indic.)</td></tr>
<tr><td>인칭/수</td><td>sg</td><td>pl</td></tr>
<tr><td>1</td><td>მოვრწყავ (movrtsq'av)</td><td>მოვრწყავთ (movrtsq'avt)</td></tr>
<tr><td>2</td><td>მორწყავ (mortsq'av)</td><td>მორწყავთ (mortsq'avt)</td></tr>
<tr><td>3</td><td>მორწყავს (mortsq'avs)</td><td>მორწყავენ (mortsq'aven)</td></tr>
</table>

스크리브	ხოლმეობითი 과거 조건법(Cond. Mood)	
인칭/수	sg	pl
1	მოვრწყავდი (movrtsq'avdi)	მოვრწყავდით (movrtsq'avdit)
2	მორწყავდი (mortsq'avdi)	მორწყავდით (mortsq'avdit)
3	მორწყავდა (mortsq'avda)	მორწყავდნენ (mortsq'avdnen)
스크리브	მყოფადის კავშირებითი 미래 가정법(Fut. Subj)	
인칭/수	sg	pl
1	მოვრწყავდე(movrtsq'avde)	მოვრწყავდეთ (movrtsq'avdet)
2	მორწყავდე (mortsq'avde)	მორწყავდეთ (mortsq'avdet)
3	მორწყავდეს(mortsq'avdes)	მორწყავდნენ (mortsq'avdnen)

2 시 리 즈	스크리브	წყვეტილი (აორისტი) 부정과거 직설법(Aori. Indic)	
	인칭/수	sg	pl
	1	(მო)ვრწყე (mo)vrts'q'e	(მო)ვრწყეთ (mo)vrts'q'et
	2	(მო)რწყე (mo)rts'q'e	(მო)რწყეთ (mo)rts'q'et
	3	(მო)რწყა (mo)rts'q'a	(მო)რწყეს (mo)rts'q'es
	스크리브	II კავშირებითი 기원법(Opt. Mood)	
	인칭/수	sg	pl
	1	(მო)ვრწყო (mo)vrts'q'o	(მო)ვრწყოთ (mo)vrts'q'ot
	2	(მო)რწყო (mo)rts'q'o	(მო)რწყოთ (mo)rts'q'ot
	3	(მო)რწყოს (mo)rts'q'os	(მო)რწყონ (mo)rts'q'on

3 시 리 즈	스크리브	I თურმეობითი 완료 직설법(Perf. Indic)	
	인칭/수	sg	pl
	1	მომირწყავს (momirtsqavs)	მოგვირწყავს (mogvirtsqavs)
	2	მოგირწყავს (mogirtsqavs)	მოგირწყავთ (mogirtsqavt)
	3	მოურწყავს (mourtsqavs)	მოურწყავთ (mourtsqavt)
	스크리브	II თურმეობითი 과거 완료 직설법(Pluperf)	

인칭/수	sg	pl
1	მომერწყა (momertsq'a)	მოგვერწყა (mogvertsq'a)
2	მოგერწყა (mogertsq'a)	მოგერწყათ (mogertsq'at)
3	მოერწყა (moertsq'a)	მოერწყათ (moertsq'at)
스크리브	III კავშირებითი 완료 가정법(Perf. Subj)	
인칭/수	sg	pl
1	მომერწყოს (momertsq'os)	მოგვერწყოს (mogvertsq'os)
2	მოგერწყოს (mogertsq'os)	მოგერწყოთ (mogertsq'ot)
3	მოერწყოს (moertsq'os)	მოერწყოთ (moertsq'ot)

მოხარშვა – to boil (something)

<table>
<tr><td rowspan="14">1
시
리
즈</td><td>스크리브</td><td colspan="2">აწმყო 현재 직설법(pres. Indic)</td></tr>
<tr><td>인칭/수</td><td>sg</td><td>pl</td></tr>
<tr><td>1</td><td>ვხარშავ (vxarshav)</td><td>ვხარშავთ (vxarshavt)</td></tr>
<tr><td>2</td><td>ხარშავ (xarshav)</td><td>ხარშავთ (xarshavt)</td></tr>
<tr><td>3</td><td>ხარშავს (xarshavs)</td><td>ხარშავენ (xarshaven)</td></tr>
<tr><td>스크리브</td><td colspan="2">უწყვეტელი 미완료 직설법(imperf. Indic)</td></tr>
<tr><td>인칭/수</td><td>sg</td><td>pl</td></tr>
<tr><td>1</td><td>ვხარშავდი (vxarshavdi)</td><td>ვხარშავდით (vxarshavdit)</td></tr>
<tr><td>2</td><td>ხარშავდი (xarshavdi)</td><td>ხარშავდით (xarshavdit)</td></tr>
<tr><td>3</td><td>ხარშავდა (xarshavda)</td><td>ხარშავდნენ (xarshavdnen)</td></tr>
<tr><td>스크리브</td><td colspan="2">აწმყოს კავშირებითი 현재 가정법(pres. Subj)</td></tr>
<tr><td>인칭/수</td><td>sg</td><td>pl</td></tr>
<tr><td>1</td><td>ვხარშავდე (vxarshavde)</td><td>ვხარშავდეთ (vxarshavdet)</td></tr>
<tr><td>2</td><td>ხარშავდე (xarshavde)</td><td>ხარშავდეთ (xarshavdet)</td></tr>
<tr><td>3</td><td>ხარშავდეს (xarshavdes)</td><td>ხარშავდნენ (xarshavdnen)</td></tr>
</table>

스크리브	მყოფადი 미래 직설법(Fut. Indic.)	
인칭/수	sg	pl
1	მოვხარშავ (movxarshav)	მოვხარშავთ (movxarshavt)
2	მოხარშავ (moxarshav)	მოხარშავთ (moxarshavt)
3	მოხარშავს (moxarshavs)	მოხარშავენ (moxarshaven)
스크리브	ხოლმეობითი 과거 조건법(Cond. Mood)	
인칭/수	sg	pl
1	მოვხარშავდი(movxarshavdi)	მოვხარშავდით (movxarshavdit)
2	მოხარშავდი (moxarshavdi)	მოხარშავდით (moxarshavdit)
3	მოხარშავდა (moxarshavda)	მოხარშავდნენ (moxarshavdnen)
스크리브	მყოფადის კავშირებითი 미래 가정법(Fut. Subj)	
인칭/수	sg	pl
1	მოვხარშავდე(movxarshavde)	მოვხარშავდეთ (movxarshavdet)
2	მოხარშავდე (moxarshavde)	მოხარშავდეთ (moxarshavdet)
3	მოხარშავდეს(moxarshavdes)	მოხარშავდნენ (moxarshavdnen)

2 시리즈

스크리브	წყვეტილი (აორისტი) 부정과거 직설법(Aori. Indic)	
인칭/수	sg	pl
1	(მო)ვხარშე (mo)vxarshe	(მო)ვხარშეთ (mo)vxarshet
2	(მო)ხარშე (mo)xarshe	(მო)ხარშეთ (mo)xarshet
3	(მო)ხარშა (mo)xarsha	(მო)ხარშეს (mo)xarses
스크리브	II კავშირებითი 기원법(Opt. Mood)	
인칭/수	sg	pl
1	(მო)ვხარშო (mo)vxarsho	(მო)ვხარშოთ (mo)vxarshot
2	(მო)ხარშო (mo)xarsho	(მო)ხარშოთ (mo)xarshot
3	(მო)ხარშოს (mo)xarshos	(მო)ხარშონ (mo)xarshon

	스크리브	I თურმეობითი 완료 직설법(Perf. Indic)	
3 시리즈	인칭/수	sg	pl
	1	მომიხარშავს (momixarshavs)	მოგვიხარშავს (mogvixarshavs)
	2	მოგიხარშავს (mogixarshavs)	მოგიხარშავთ (mogixarshavt)
	3	მოუხარშავს (mouxarshavs)	მოუხარშავთ (mouxarshavt)
	스크리브	II თურმეობითი 과거 완료 직설법(Pluperf)	
	인칭/수	sg	pl
	1	მომეხარშა (momekharsha)	მოგვეხარშა (mogvekharsha)
	2	მოგეხარშა (mogekharsha)	მოგეხარშათ (mogekharshat)
	3	მოეხარშა (moekharsha)	მოეხარშათ (moekharshat)
	스크리브	III კავშირებითი 완료 가정법(Perf. Subj)	
	인칭/수	sg	pl
	1	მომეხარშოს (momekharshos)	მოგვეხარშოს (mogvekharshos)
	2	მოგეხარშოს (mogekharshos)	მოგეხარშოთ (mogekharshot)
	3	მოეხარშოს (moekharshos)	მოეხარშოთ (moekharshot)

წერა – to write (something)			
	스크리브	აწმყო 현재 직설법(pres. Indic)	
1 시리즈	인칭/수	sg	pl
	1	ვწერ (vts'er)	ვწერთ (vts'ert)
	2	წერ (ts'er)	წერთ (ts'ert)
	3	წერს (ts'ers)	წერენ (ts'eren)
	스크리브	უწყვეტელი 미완료 직설법(imperf. Indic)	
	인칭/수	sg	pl
	1	ვწერდი (vts'erdi)	ვწერდით (vts'erdit)
	2	წერდი (ts'erdi)	წერდით (ts'erdit)

	3	წერდა (ts'erda)	წერდნენ (ts'erdnen)
	스크리브	აწმყოს კავშირებითი 현재 가정법(pres. Subj)	
	인칭/수	sg	pl
	1	ვწერდე (vts'erde)	ვწერდეთ (vts'erdet)
	2	წერდე (ts'erde)	წერდეთ (ts'erdet)
	3	წერდეს (ts'erdes)	წერდნენ (ts'erdnen)
	스크리브	მყოფადი 미래 직설법(Fut. Indic.)	
	인칭/수	sg	pl
	1	დავწერ (davts'er)	დავწერთ (davts'ert)
	2	დაწერ (dats'er)	დაწერთ (dats'ert)
	3	დაწერს (dats'ers)	დაწერენ (dats'eren)
	스크리브	ხოლმეობითი 과거 조건법(Cond. Mood)	
	인칭/수	sg	pl
	1	დავწერდი (davts'erdi)	დავწერდით (davts'erdit)
	2	დაწერდი (dats'erdi)	დაწერდით (dats'erdit)
	3	დაწერდა (dats'erda)	დაწერდნენ (dats'erdnen)
	스크리브	მყოფადის კავშირებითი 미래 가정법(Fut. Subj)	
	인칭/수	sg	pl
	1	დავწერდე (davts'erde)	დავწერდეთ (davts'erdet)
	2	დაწერდე (dats'erde)	დაწერდეთ (dats'erdet)
	3	დაწერდეს (dats'erdes)	დაწერდნენ (dats'erdnen)
2 시리즈	스크리브	წყვეტილი (აორისტი) 부정과거 직설법(Aori. Indic)	
	인칭/수	sg	pl
	1	(და)ვწერე (da)vtser'e	(და)ვწერეთ (da)vtser'et
	2	(და)წერე (da)tser'e	(და)წერეთ (da)tser'et
	3	(და)წერა (da)tsera	(და)წერეს (da)tseres

	스크리브	II კავშირებითი 기원법(Opt. Mood)	
	인칭/수	sg	pl
	1	(და)ვწერო (da)vtsero	(და)ვწეროთ (da)vtserot
	2	(და)წერო (da)tsero	(და)წეროთ (da)tserot
	3	(და)წეროს (da)tseros	(და)წერონ (da)tseron
3 시리즈	스크리브	I თურმეობითი 완료 직설법(Perf. Indic)	
	인칭/수	sg	pl
	1	დამიწერია (damits'eria)	დაგვიწერია (dagvits'eria)
	2	დაგიწერია (dagits'eria)	დაგიწერიათ (dagits'eriat)
	3	დაუწერია (dauts'eria)	დაუწერიათ (dauts'eriat)
	스크리브	II თურმეობითი 과거 완료 직설법(Pluperf)	
	인칭/수	sg	pl
	1	დამეწერა (damec'era)	დაგვეწერა (dagec'era)
	2	დაგეწერა (dagec'era)	დაგეწერათ (gagec'erat)
	3	დაეწერა (daec'era)	დაეწერათ (daec'erat)
	스크리브	III კავშირებითი 완료 가정법(Perf. Subj)	
	인칭/수	sg	pl
	1	დამეწეროს (damec'eros)	დაგვეწეროს (dagec'eros)
	2	დაგეწეროს (gagec'eros)	დაგეწეროთ (gagec'erot)
	3	დაეწეროს (daec'eros)	დაეწეროთ (daec'erot)

ჭამა – to eat (something)

	스크리브	აწმყო 현재 직설법(pres. Indic)	
1 시리즈	인칭/수	sg	pl
	1	ვჭამ (vch'am)	ვჭამთ (vch'amt)
	2	ჭამ (ch'am)	ჭამთ (ch'amt)

3	ჭამს (ch'ams)	ჭამენ (ch'amen)
스크리브	უწყვეტელი 미완료 직설법(imperf. Indic)	
인칭/수	sg	pl
1	ვჭამდი (vch'amdi)	ვჭამდით (vch'amdit)
2	ჭამდი (ch'amdi)	ჭამდით (ch'amdit)
3	ჭამდა (ch'amda)	ჭამდნენ (ch'amdnen)
스크리브	აწმყოს კავშირებითი 현재 가정법(pres. Subj)	
인칭/수	sg	pl
1	ვჭამდე (vch'amde)	ვჭამდეთ (vch'amdet)
2	ჭამდე (ch'amde)	ჭამდეთ (ch'amdet)
3	ჭამდეს (ch'amdes)	ჭამდნენ (ch'amdnen)
스크리브	მყოფადი 미래 직설법(Fut. Indic.)	
인칭/수	sg	pl
1	შევჭამ (shevch'am)	შევჭამთ (shevch'amt)
2	შეჭამ (shech'am)	შეჭამთ (shech'amt)
3	შეჭამს (shech'ams)	შეჭამენ (shech'amen)
스크리브	ხოლმეობითი 과거 조건법(Cond. Mood)	
인칭/수	sg	pl
1	შევჭამდი (shevch'amdi)	შევჭამდით (shevch'amdit)
2	შეჭამდი (shech'amdi)	შეჭამდით (shech'amdit)
3	შეჭამდა (shech'amda)	შეჭამდნენ (shech'amdnen)
스크리브	მყოფადის კავშირებითი 미래 가정법(Fut. Subj)	
인칭/수	sg	pl
1	შევჭამდე (shevch'amde)	შევჭამდეთ (shevch'amdet)
2	შეჭამდე (shech'amde)	შეჭამდეთ (shech'amdet)
3	შეჭამდეს (shech'amdes)	შეჭამდნენ (shech'amdnen)

2 시리즈	스크리브	წყვეტილი (აორისტი) 부정과거 직설법(Aori. Indic)	
	인칭/수	sg	pl
	1	(შე)ვჭამე (she)vchame	(შე)ვჭამეთ (she)vchamet
	2	(შე)ჭამე (she)chame	(შე)ჭამეთ (she)chamet
	3	(შე)ჭამა (she)chama	(შე)ჭამეს (she)chames
	스크리브	II კავშირებითი 기원법(Opt. Mood)	
	인칭/수	sg	pl
	1	(შე)ვჭამო (she)vchamo	(შე)ვჭამოთ (she)vchamot
	2	(შე)ჭამო (she)chamo	(შე)ჭამოთ (she)chamot
	3	(შე)ჭამოს (she)chamos	(შე)ჭამონ (she)chamon
3 시리즈	스크리브	I თურმეობითი 완료 직설법(Perf. Indic)	
	인칭/수	sg	pl
	1	შემიჭამია (shemichamia)	შეგვიჭამია (shegvichamia)
	2	შეგიჭამია (shegichamia)	შეგიჭამიათ (shegichamiat)
	3	შეუჭამია (sheuchamia)	შეუჭამიათ (sheuchamiat)
	스크리브	II თურმეობითი 과거 완료 직설법(Pluperf)	
	인칭/수	sg	pl
	1	შემეჭამა (shemechama)	შეგვეჭამა (shegechama)
	2	შეგეჭამა (shegechama)	შეგეჭამათ (shegechamat)
	3	შეეჭამა (sheechama)	შეეჭამათ (sheechamat)
	스크리브	III კავშირებითი 완료 가정법(Perf. Subj)	
	인칭/수	sg	pl
	1	შემეჭამოს (shemechamos)	შეგვეჭამოს (shegechamos)
	2	შეგეჭამოს (shegechamos)	შეგეჭამოთ (shegechamot)
	3	შეეჭამოს (sheechamos)	შეეჭამოთ (sheechamot)

부록 4. 동사의 분류

〈다양한 동사의 분류〉

불변구조 동사(주어 = S, 목적어 = O)		가변 구조 동사	
~이다 동사 소유 동사와 감정지각 동사 S 여격 O 주격	არის (ყოფნა) ჰყავს (ყოლა) აქვს (ქონა) უხარია (გახარება) უყვარს (სიყვარული) მოსწონს (მოწონება) ჰქვია (რქმევა) აკლია (კლება)	주어의 동작(action)에 초점을 맞춘 동사 (미래 시제는 ი-표지로 표시됨)	საუზმობა, საუზმობს ვახშმობა, ვახშმობს ლაპარაკი, ლაპარაკობს მუშაობა, მუშაობს თამაში, თამაშობს ცხოვრება, ცხოვრობს საუბარი, საუბრობს
이동동사 S – 주격	ჰყავს (ყოლა) აქვს (ქონა) უხარია (გახარება) უყვარს (სიყვარული) მოსწონს (მოწონება) ჰქვია (რქმევა) აკლია (კლება)	어근이 변하는 동사	სვამს (სმა, დალევა) აძლევს (მიცემა) დადის (სიარული)
상태동사 S – 주격	დგას (დგომა) ზის (ჯდომა) წევს (წოლა) წვება (დაწოლა) ღირს (ღირება)	건강 상태를 표현하는 동사	ახველებს (დახველება)
자연현상을 표현동사	გრილა (აგრილება) ცივა თბილა ცხელა	시각적 인식의 동사	უყურებს (ყურება)

부록 5. 문장 구조 도식

〈문장구조〉

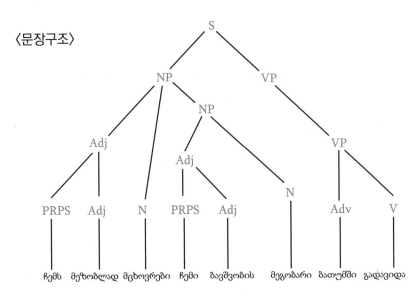

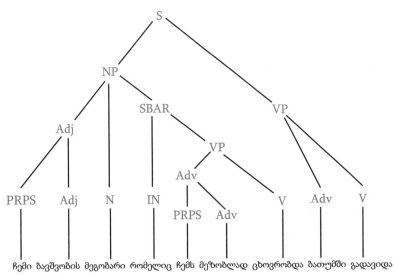